憶往悟來

一位四十五年軍人的人生領悟

張國垣 著

將軍傳記系列
文史哲出版社印行

謹以此書，獻給——

公義和平

渴望有個　安居樂業社會的民眾

廉正勤奮

憶往悟來

目錄

第三章　精忠報國……七一

序言

把我經歷世紀大動亂，歷史大劇變，人類空前殘酷戰爭大劫難，及國家社會由危險轉安定，由窮苦變富裕，從興旺上升轉爲向下沈淪的七十五年過程中，趨吉避凶，樂觀創進，承受艱難危險，充實生命價值的成敗苦樂的經驗和領悟，以親身見證，告訴年輕的下一代，面對現實和未來，以史實和人物爲鏡子，自主判斷，知所行止，是我寫本書的主要動機。

近年來，看到年輕下一代，把台灣現在享有的自由、民主、和繁榮，視爲理所當然，好像是從天上掉下來似的；把現在所面對的貪腐無能，無法無恥的政府與政客，及向下沈淪的社會，和一年有數千以燒炭、跳樓、投海、自焚等各種方式自殺的無助百姓，顯得消極無奈，不知所措。

內心有一股莫之能禦的力量，促使我要把台灣現在享有的自由、民主和繁榮是先烈、先賢、先輩們拋頭顱，洒熱血，犧牲奮鬥才得來的艱辛過程，以親身見證告訴他們，是如何的得來不易，應該知所珍惜，積極地去維護。

同時，也促使我在本書中，把近百年來的一些貪腐無能、無法無恥的政府和政客的形成與結局，及社會沈淪和百姓苦難之成因與挽救的歷史見證，告訴他們，面對惡劣的現實，不要消極無奈，應該有所作爲。

雖然有位西方歷史家曾說「歷史給我們的最大教訓，就是無法從歷史中學到教訓。」但是我覺得有責任，指出現象，讓人檢驗。

此外，就我記憶所及，把我在成長過程及在軍中做了四十五年軍人除役退休的人生中，所經歷過卻再也見不到的一些家族往事、時代背景、人事、景物、掌故，及時代變革、戰爭災亂中的景況、奇遇、艱難、危險、糗事、挫折、興奮、尊榮、甘甜、啓示和領悟，記述下來，作爲對年輕下代的經驗傳承，也是我寫本書的一點心願。

莎翁曾言：「經驗是苦難的結晶。」又說：「經驗是用無限代價買來的一顆寶石。」誠哉！斯言。

本書若能對年輕下代，在面對弱肉強食、謊騙反覆的國內外現實，及公平正義、和平誠信的核心價值觀被毀之社會，有所啓迪或裨益，則幸甚矣。

第一章　童年歲月

一、出生背景

民國二十（公元一九三一）年十二月十四日，我出生在山西省晉城縣西部村姓張的家庭，世以耕讀工商傳家，爲晉城縣望族。適值日本帝國利用美、德、法、蘇列強無暇顧及遠東的國際情勢，派其關東軍於同年九月十八日，製造事變，侵佔我東北，自天津劫持清朝遜帝溥儀至瀋陽，進行東三省獨立運動，成立僞滿州國之後；鄉里甚重民族大義，祖父孝友公爲我取名國垣，有期待我長大成人捍衛國家的深意。

四歲啓蒙念三字經，生母周氏病逝，由乳娘照顧；因同輩女多男少，深獲祖父母、叔祖父母、伯叔娘嬸姑姑所寵愛，呵護備至。

迨民國二十六（公元一九三七）年，我六歲時，日本見中國漸趨統一，走向復興，又製造蘆溝橋事變，於七月七日進攻我河北省宛平縣，全面對日抗戰爆發。

國民政府軍事委員會蔣介石委員長繼民國二十三年發表「敵乎！友乎！」正告日本政府

明辨利害放棄侵華後，在盧山發表談話指出：「我們既是一個弱國，如果臨到最後關頭，便只有拼全民族的生命，以救國家生存。最後關頭一到，我們只有犧牲到底，抗戰到底。若是徬徨不定，妄想苟安，便會陷民族於萬劫不復之地！」「現在犧牲已到最後關頭，人不分男女老幼，地不分東西南北，全民抗戰到底，直到最後勝利。」

是年，我入本村的浩光小學就讀。當時我的家境富裕，社會安定，工商業欣欣向榮。每逢廟會，人山人海，民間遊藝活動，爭奇鬥艷；踩高蹺、走旱船、玩蚌殼美人、舞龍舞獅、疊羅漢等表演，及露天戲公演等，熱鬧非凡。

農曆除夕前，家家戶戶忙著準備過年，在大門兩旁和門頭上貼紅色春聯，迎壁、磨坊、車具上貼喜或福字。在宅院中架年火、在正堂屋中的年供桌上擺年飾，靠正面牆的桌面上，擺置五座用油炸年果、柿餅、麵粉做的桃子、花捲等堆架成下粗上尖椎形狀的擺飾；在供桌中前緣擺置一個裝滿小米的木斗，在斗中放置銀元數枚，用紅紙把斗包貼，斗的正面貼上寫有「日進斗金」的紅紙，中間插著年香，年初一家人向長輩拜年時面朝供斗行拜年禮。

過年後，正月十五元霄節，村中的街道上空用木架和彩色布匹搭設路棚，懸掛各色各樣的花燈。賞燈的人，置身其間，彷彿走入花燈隧道。在各道路的彎角處用煤火做成火爐人，供人觀賞取暖。

跨在街道上的閣樓也把神像擺架出來，如送子觀音等，讓那些要想求生男孩兒家的人去觀音神座前把預備好的泥做男娃娃抱回家去放在想生孩兒的婦女枕邊，來年可望生個男孩兒。還有演街頭劇的敲鑼打鼓到各家前院去獻演，逗人喜樂，接受戶主的酒菜招待，喜樂洋洋；可說是過著安居樂業的日子。

記得有一次，縣城派查足隊來村裡宣導禁止婦女纏包裹足，要求婦女要保持天足，也就是說要保持天生的自然腳；年長的伯母都是裹着小腳，年輕的嬸嬸和姐姐們都已是天足了。常聽我的老姑，也就是我祖父的妹妹說，慈西太后是如何好，抱怨「孫大砲」指中國國民黨的孫中山總理把大清國的天下搞亂了。當時的社會還處在民智未開，正在由舊的封建習俗向新的時代方向，緩慢地改革演進。

日本軍國主義在蘆溝橋發動全面侵華戰爭，自估可在三個月內亡華，軍事委員會蔣介石委員長深知當時中日兩國不論國力戰力都是敵強我弱，相差懸殊，若孤注一擲，會導致國家民族萬劫不復。乃採取應戰而不宣戰的持久抗戰策略，一面調重兵在河北省與日軍對抗不讓；一面調集經德國顧問指導訓練的部隊大軍集結淞滬，引導日本分兵到長江下游對戰。

「八一三」淞滬戰役持續激戰打了三個多月，紛碎了日本政府「三個月可亡華」的狂妄夢想；中國的全民抗戰從此真正開始。

但是因日本空軍、海軍、陸軍的現代化裝備遠比國軍的裝備精良，加以三軍聯合攻擊，火力難敵，我軍損失極爲慘重，參戰部隊消耗了六成。上海、南京工商精華地區相繼淪陷。

日軍在南京的大屠殺暴行，慘絕人寰，震驚世界。

蔣委員長希望得到美國的援助，於民國二十七（公元一九三八）年九月十七日，國民政府駐美大使胡適到任後，隨即傳電給羅斯福總統表達：「中國人民深信唯有美國政府爲唯一可以爲獲取公正和平之領導者，如美國有意發起邀集有關國家，舉行謀致遠東永久和平之會議，此正其時。」美國於十九日速即回電表示「調解時期未到」。

不久，日寇進攻山西省，晉城縣城淪陷，日軍下鄉姦淫虜掠，無所不爲；燒殺劫奪，人神共憤。

有一天，日軍約百餘名到村子來，村中李家大娘看見日本兵來趕緊關閉院門，門尚未合上，就被日本兵開槍擊斃倒臥在門內血泊裡，那個日本兵再穿過宅門庭院，到屋內搜找出躲在屋角的李家女兒後強暴姦淫。日軍走後，李家女兒喪母被姦，哭天喊地的情景，永遠留在我的腦海。

我家西部村位於太晉公路三家店站的西方，只有三華里約一千五百公尺處。有一次，日軍在其空軍飛機掩護下，從太原沿太晉公路南下往晉城縣城進發，路經三家店站，我村民眾聞訊，都往西面的山區逃避，日本軍機在村民頭頂上空，低空俯衝威嚇，不分老幼，濫行掃射，跑不動的老弱婦女和小孩，被射中死傷在路上的，飛機過後急忙收屍搶救，慘不忍睹。

三伯帶領我家到離公路有三十公里遠的山區有窯洞的村落去躲避，記得有一天，他牽著我的手在一個水塘邊散步，要想把我抱起時，無意中從我的口袋裡摸出一個小圓盒，盒蓋的裡面是可以照臉的玻璃鏡，問我是那裡來的，我說是他的馬弁洪奇給我玩的。三伯立刻跟我說，鏡子能反光，漢奸會用鏡子向日本飛機反光打信號，不可以拿來玩耍，說著就把那個煙盒用手一丟，摔到池塘裡去了。

三伯不抽煙，也不許他的貼身部屬抽煙，洪奇給我玩的那個小圓盒是裝煙絲用的。第二天，我看到三伯用打馬的皮鞭打洪奇，處罰他不該抽煙。那個時代的部屬是即便被鞭打，他對三伯還是忠心耿耿不會怨恨的。可是對我卻影響深遠，從那時童年七歲，到長大成人迄今，我本人一直都拒抽煙，受益良深。

日軍雖然佔據了縣城，但城外皆是廣大鄉村的人民抗日力量，在山岳叢林裡，還駐守著有形的抗日武裝力量，那就是國軍第二十七軍、新五軍、四十軍和地方縣政府與所屬游擊隊。有首歌詞是：「我們在太行山上，我們在太行山上，山高林又密，兵強馬又壯，敵人從那裡進攻，我們就要他在那裡滅亡。」由於地勢險要，易守難攻，軍民驍勇善戰，日軍雖裝備現代化，屢攻不逞，形成對峙。

當時的晉城縣長是我的三伯父鴻惠公，黃埔軍校六期砲科畢業，配合黃埔畢業的二十七軍軍長劉健一領導著軍民對日抗戰。縣城和交通線上的市鎮以外，廣大的鄉間農村到處所見都是在房屋外牆上巨大的「抗戰到底」、「打倒日本鬼子」、「把鬼子趕出去」、「最後勝利是我們的」等油漆的醒目標語。

日本軍隊到鄉下由當地的維持會的人接待迎送，和幫助執行其交辦的事。國軍和縣游擊隊不定時由山區到平原鄉村地區活動，相機襲擊日軍，以致日軍限縮在縣城和交通線上的重要市鎮裡，不敢少數輕率行動；推行政令要靠維持會向人民傳達，但多是應付差事。廣大農村還是聽從在山區裡的當地縣政府領導。使日本佔領軍如芒刺在背。

當時流行有首念臺歌詞是這樣說：「臺灣糖，甜津津，甜在嘴裡痛在心；想當年，鄭成功，同治臺灣勤經營，劉銘傳，有才幹，首建鐵路富台灣；甲午戰，日本勝，強割臺灣逼簽約，同胞淪爲次等人。」

另有一首最流行的歌是「松花江上」詞是這樣寫的：「我的家在松花江上，那兒有無盡的寶藏和我的爹娘，那年，那月，才能夠回到我那可愛的故鄉，那年，那月，才能夠見到我那年邁的爹娘！爹娘啊……！」

此外，當時還有一首激勵人心士氣的歌叫「山河戀」，歌詞是：

「長江大河，浩浩蕩蕩，七澤五湖，茫茫蒼蒼，巍巍長城，峨峨太行，開疆闢界，追懷漢唐；而今國土淪陷，日寇猖狂，同胞塗炭，流離傷亡；我們士氣激昂，我們意志飛揚，萬衆一心，抗敵除奸，收復失地，還我河山，青天白日，永照人寰。」

特別是有一首鼓勵青年奮起抗戰的歌叫「三民主義青年進行曲」，歌詞簡明豪壯，堅毅感人，這樣說：

「我們是三民主義的信徒，我們是中華民族的先鋒，我們是革命的戰士，我們是無名的英雄，我們有鐵的意志，火的熱情，純潔的心胸；遵照偉大領袖的指示，勤勞、勇敢、互助、合作、爲人民服務，爲主義盡忠；同志們，整齊步伐向前衝，我們不是成仁便是成功，這是我們的時代不要放鬆，建立新的中國，促進世界大同；同志們，整齊步伐向前衝，高擎着我們的旗幟，青天白日滿地紅。」

一時間，熱血青年奮起響應，「十萬青年，十萬軍。」的知識青年軍即速成軍。在其後應英國政府請求，遠征侵佔緬甸的日軍，爲英軍解困；在叢林戰中，聯盟作戰擊敗日軍。寫下了戰史上光輝的一頁，贏得了國際的尊榮。

民國三十（公元一九四一）年十二月七日，日本偷襲珍珠港，太平洋戰爭爆發，美國於八日對日宣戰；我國的「抗戰到底」和「最後勝利是我們的」國策戰略成功，反侵略的抗日戰爭有了盟友，時機成熟，乃於同月九日正式對日宣戰。自此，中國和日本過去所簽定的所有不平等條約，包括馬關條約，全部作廢，恢復到簽訂條約前的狀態。

翌年，民國三十一（公元一九四二）年元旦，美國白宮向胡適大使表示：「可告知蔣先生，我們歡迎中國為四強之一。」中美聯盟對日作戰後，美軍轟炸機開始在中國戰區轟炸日軍的設施，常常看到九機編隊的轟炸機群從空中經過飛往太原等城市去執行轟炸日軍設施的任務。我和村人跑到屋外仰著頭一齊拍手叫好。

爲了加強搜刮資源，日軍強令人民把家中金屬品如銅鐵門環、衣櫃上的銅環等取下收繳鎔鍊成鐵磚銅塊，征集民夫人力挑送至鐵路火車站，集中運送日本國本土煉製軍械武器。

到了民國三十一（公元一九四二）年秋至三十二（公元一九四三）年夏期間，日軍調集大軍發起了兩次從太行山東西兩面進攻的大會戰，東面之敵向西攻林縣的四十軍、輝縣的新五軍；西面之敵向東攻擊晉城的二十七軍，每次長達一個月以上，國軍雖居地利優勢，因火力不敵，且腹背受攻，乃作轉進。

會戰後，日軍不能在山中久停，隨即撤離，山區遂成爲游擊隊的根據地。

游擊隊常在夜間把公路上的長途電話線截斷幾公里，捆捲搬運到山上安全區，以切斷日軍的電話通訊，造成日軍有線電話指揮失靈，通信資材重大損失；爲修復補充電話通訊器材疲於奔命。有時看到公路交通線上的電話線被游擊隊割走後兩三天，日軍還沒有派軍隊來修復，就可看出日本的敗象已經顯露。

此期間，由共產黨領導的八路軍，在民間宣傳共產主義思想；國民小學已停課。村中由張李兩家設立私塾，聘請專業教師上課教書，背誦四書（論語、孟子、大學、中庸）、孝經、古文觀止、東萊博議、論說文範、論說精華等書及教導算術、常識和練寫書法。

有一次，老師有事出去，我和同學看螞蟻搬家，書未念熟，老師回來後立刻叫背書，我背得不熟，停頓漏字。老師用戒策木板重打我的手掌心，告戒沒有下次。這次重罰，造就了我進修國學的基礎和人品，迄今不敢貪懶取巧。老師姓王名景川曾訓誨我，「將來長大成人，做事做人一定要負責任；不負責任是社會的第一等罪人。」我力行迄今不敢忽忘。

民國三十三（公元一九四四）年晉城縣遭旱災、蝗災、人民生活困難，我家也順勢改變；由曾祖父錦陽公、曾祖母李氏起，就維持和我的大祖父、祖父、三祖父三房兄弟的子女在一起生活的傳統，當時已達到有五十多口人共同生活，同吃大鍋飯的大家庭，不合時代潮流，經過家族共議，決定分家成爲六個較小的家庭。

到了民國三十四（公元一九四五）年八月十五日，日本天皇裕仁向日本全國軍民和全世界廣播宣告接受同盟國波茨坦宣言規定的條項無條件投降，其中第三項規定履行開羅宣言中所規定把日本國竊盜自中國的領土滿州（東北四省）台灣、澎湖及其列島歸還中華民國。全國人民歡天喜地慶祝抗戰勝利。

晉城縣城裡的日軍指揮官調動駐在交通線上重要市鎮的日軍，集中到縣城裡準備繳械投降。

二、誤闖大牢

在鄉下農村，共產黨已積極展開階級鬥爭活動，召集群眾開鬥爭大會，組織少年隊，到各家各戶去找少年入隊。

有一天少年隊的一群少年到我家來找人，領頭找人的是我私塾同學李文與家的年少女傭，她認識我，當她進入我家堂屋，推開裡間臥室的門時，看見我躲藏在門後，立刻大聲喊叫：「裡邊沒有人，到別家去吧！」揮一下手，帶領那群少年離開了我家。她裝著沒有看見，放過了我。

是年，我十四歲，有人稍信說我三伯父鴻惠公當時在洛陽，第一戰區長官司令部任高官要職。

我自作主張要離家去找三伯父求學讀書，向家中大人稟告，特別是最寵愛我的二伯父鴻志公。記得奶奶說：「你睡覺都會從床上滾下來，怎可離家去那麼遠的地方，再說路上也不平靜。」二伯也不贊成。家中大人幾乎全不贊成。

傳到在村中做醫師的河南省人乾親戚任家兄弟耳中，任大哥向二伯和家人保證他可以把我平安送到洛陽去見我三伯。二伯見我十分堅持，勉強同意，並找來同村同齡的表弟李重慶作伴一同成行。

那是一個冬天的深夜凌晨三點的時候，前後院各房屋的燈都亮了起來，家裡的大人聚集在我家第二進院奶奶住的堂屋，個個神情緊張，奶奶說：「都準備好了嗎？想想看。」帶領送我的負責人任大哥回說：「要帶的都準備好了。」奶奶拿出個裡面包著泥土的小紙包交給任大哥，要他把我帶到洛陽後，把那包泥土丟到當地的水井裡，好讓我到當地後能服當地的水土。在煤油燈的光影下，我看到大人們臉上那種不贊成我去又攔不住，不放心我去又有期待的複雜表情。

在奶奶叫我向祖先供桌行叩別禮後，任大哥說：「要上路了」。二伯說：「好吧，路上多小心！」任大哥在前領路趁夜離開了家，直奔河南省去。

離家後聽到村中人家的狗吠聲，沿著公路疾速前行，天亮時已到太行山東麓向河南省的下坡路段，山嶺雄巍，峽谷深闊，人煙稀少，未遇路檢阻攔；行進中看見不遠處有一座廟。「我們到前面休息一下，吃點東西。」任大哥指著那座廟邊走邊對我和表弟說。

走到了廟前，廟門關閉著，廟門左前方約十公尺處地面上有個車輪向下坡迴轉壓過的痕跡，任大哥指著那道壓得不淺的回轉輪跡說：

傳說這是「三字經」裡「昔仲尼，師相槖」故事所說當年孔夫子乘著馬車周遊列國，從魯國經過鄭國進入晉國時，走到這裡，遇到一個兒童在路上玩用石塊壘城垣的兒戲，擋住了去路，駕車手子路下車要求兒童把石塊拿開，讓馬車行路，童子不肯，並說子路不講道理，反問說，我堆的是城，你駕的是車，車遇到了城，只有車繞城行，那有拆城行車的道理，要求子路從旁邊繞過去。子路一時語塞，孔夫子在車裡聽到了，對子路說，童子言之有理，晉國不必去了，在向童子項槖表示敬意後，把馬車調頭迴轉下山往別處去時留下的車輪痕跡。

後人把這個地方，取名爲「攔車口」，沿用至今。

吃過隨身帶的饅頭夾菜，起身下山，到了中午抵達河南省沁陽縣任大哥的老家。

在任家住了半個月學習河南腔講話，任大哥把我和重慶都改成姓任，向沁陽縣政府申請到通行文件。

當時沁陽縣是共產黨的控制區，再向東走是武陟縣，是國民政府國民黨的控制區，去洛陽要通過兩方交界線所設的檢查站；過站時，順利的通過了檢查，心情特別高興，重慶表弟更是忘形，在前行的路上迎面來了兩名保安士兵，盤問我們從那裡來？查看我們的通行文件，問過我後問重慶叫什麼名？表弟回說：「李重慶」又問姓什麼？回答說：「姓任」。

問的人未注意，另一士兵發現不對，插嘴問：「你先說李又改說姓任，爲什麼？」再注視我倆所穿的鞋和當地的布鞋不同，鞋面是用針一點一點縫過的硬鞋面不是當地的平布軟鞋面，立即說：「你倆是山西下來的小八路。」帶著我們去碉堡裡見連長，我們說不是八路是去找親人的。連長右手指著左臂上包的紗布說，敵人（共軍）昨夜才來攻擊過，激戰甚烈，不得不防，送你們到縣城去問清楚。

當天押送我們到縣城裡的保安隊部，趁著去上廁所並排站著小便時，任大哥叫我報個時辰，他會諸葛亮馬前課能掐指算命。我當即說：「午時吧！」稍停，他用被綁着双臂的手掐指一算後，告訴我說：「我們不會挨打，但是半個月內出不去。」

在保安隊部略加詢問後，隨即把我們送入縣政府的大牢。

走進大牢屋門直走約三公尺處有一橫排面積相等的小隔間，正面看去隔間是用粗堅方木條做成的獸籠式小牢房。我們三人關在一間，牢房的管理員和兩名助理在走道的一端有火爐的地方值班。不時在小牢房柵門前的走道上巡視查房，看上去臉拉的很長，講話很不客氣。

第二天，早上六點管理員按鈴宣佈出屋去「放風」，就是叫坐牢的人出大牢房去解大小便，呼吸點室外空氣；這樣的「放風」下午五點還有一次，一天有二次出牢房的機會。

「放風」回來後，我寫了兩封信，一封給三伯，一封給洛陽的德記商行王掌櫃，三伯的信請王掌櫃轉交，信中述說我們三人被武陟縣保安隊誤為八路，扣押在武陟縣政府監牢，請予救援。信交給牢房管理員送呈其上級過目後封好寄出。

第三天起，我的牢屋柵門不再上鎖，我們可以在大牢房的走道空間中活動。也許是監所認為我們是被誤會的普通百姓，無大顧慮，不必在牢柵上鎖。

有天夜裡聽到審犯堂傳來鞭打聲，一名在攻城的前哨戰中被俘來的共軍士兵正在接受審訊，隨後聽到那名被鞭打的士兵由法警扶著在大院中慢走，不時發著唉呀聲！

次日我到那個被審的士兵牢房柵門前去看他，他主動朝著我說：「我沒有一天離開過人民。」我走到另一間牢房柵門前，裡面關的是一個共軍軍郵士兵，他把一個吃剩半個的麵餅請我轉送給那個被審訊的士兵吃。

在監牢期間因為我的年齡小，只有十四歲，牢裡的人看我是小孩子，特別是那些因在日本佔據期間幫助日本統治的汪偽政府官員，以漢奸罪嫌坐牢的人，都是當地的有錢人，雞鴨魚肉供應不斷，牢頭對他們的管理也特別寬厚。他們吃喝時，特別招呼要我到他們那間牢房裡去分東西給我吃；甚至說，本地有一富家沒有兒子，只有一個獨生女兒，聰敏又漂亮，要我出牢後別走了，留在那家做女婿好啦。我只聽和看，吃了兩口，說聲：「謝謝」就轉身離開回到我的牢房，把所見所聞告訴任大哥和表弟。任大哥說河南人就是這樣的親切豪放，叫我不要再去了。

有一天，縣長的祕書來牢裡察看，走後不久，管理員對我說：「祕書想收你做他的乾兒子。」也許出於坦然好奇，我不時走出小牢房到大牢的走道上活動；任大哥和表弟除兩次出牢柵「放風」外，只在小牢房裡活動，從不走出牢柵門一步。

在一天下午旁晚「放風」的牢犯們返回大牢，排隊進入牢門時，我拖延排在最後一名，被當時審判長辦公室裡有一位從上級來的視察官從窗戶的玻璃看到了我，問審判長那個小孩子犯了什麼錯，也關在大牢？審判長指著我說：「那個小孩子一行三人要到洛陽去找他的伯父張鴻惠，因路上盤問誤會被保安隊疑為八路軍分子，押送進來。」那位視察官立即說：「張鴻惠將軍是我的長官，現駐洛陽，他的侄兒怎會是共黨分子，那可真是誤會了。」當時三伯鴻惠公任第一戰區長官司令部黨政軍工作總隊少將總隊長。司令長官是陳誠將軍。

當晚看守所的主任到牢裡來看我，問管理人員有沒有對我不好，我說：「沒有」，接著對我說你們今晚暫住一宿，明天就可出去了。

次日，我們離開大牢被帶到審判長辦公室，見到了那位上級來的視察官，當面把押收我們的東西一一點還給我們，審判長說：「誤會澄清了，你們可以去找親人了。」任大哥和我一起向審判長和那位視察官鞠躬道謝，揮了揮手，離開了縣府的看守所。

在啓程上路前算了一算，恰好是被關了十五天，任大哥的諸葛亮掐指算可真準呀！離開武陟縣城到新鄉市乘平漢鐵路火車過黃河大橋到鄭州，再轉乘隴海鐵路列車抵達洛陽。

三伯三娘見到我十分高興，我和表弟見到三娘三伯和幼小的堂弟國經、國緯更是親切，任大哥任務達成如釋重負。

三、戰火中求學

民國三十四（公元一九四五）年十二月，我和表弟重慶都考入了洛陽市的私立潞澤中學，我名列榜上第二名，第一名是位洛陽本地的一位考生。潞澤中學的校址是在洛陽市東南關的潞澤會館，建築宏偉，面積甚大，是錢莊票號時代山西潞州澤州兩地的晉商所建；設有學生宿舍，我選擇住校。

在學期間，民國三十六（公元一九四七）年三月，我在洛陽城裡的新華書店，看到新聞雜誌報導說，臺灣發生了民變，社會混亂不安，經已弭平。

記得在那年夏天六月，三伯從西安路過洛陽到學校來看我，留給了我一枝新民牌鋼筆和一雙黑皮鞋。叮囑我要好好讀書。

在洛陽我度過抗戰勝利後的第一個新年，社會上呈現著八年苦戰後物資缺乏的現象，和從戰時轉爲平時的復員過程；國民政府忙著善後救濟、遣送投降的百多萬日軍官兵戰俘回日本、裁減本國軍隊的數額、整編軍隊、軍人復員、及結束訓政、實施憲政、制定憲法等的重大工作。多項工作同時啓動，顯然有力不從心之感。

民國三十六（公元一九四七）年十一月十五日，制憲國民大會在南京召開，於十二月二十五日完成通過「中華民國憲法」的制定。

當時台灣已光復，台灣省選出參加制憲國民大會的制憲代表達十七名，爲黃國書、李萬居、顏欽賢、林連宗、連震東、林壁輝、張七郎、鄭品聰、高恭、謝娥、南志信、洪火煉、劉明朝、吳國信、簡文發、陳啓清、紀秋水等人士。

此時，中國共產黨在國際共產黨馬克思共產主義的指引下，掀起了爲共產主義理想革命的世界浪潮，擴大進行武力鬥爭，和執政的中國國民黨所行國父孫中山先生的三民主義憲政建設，展開政權武力爭奪戰；拒絕參加在南京的制憲會議，雖經美國馬歇爾國務卿來華居間調停，徒勞無功。戰後復員建設還未展開，國共兩黨內戰已經擴大。

民國三十六（公元一九四七）年春節，我回到三伯父新遷駐地新鄉市的家裡過年，三祖父孝慈公、鄉親牛老伯、還有剛從山西晉城老家逃出來的二伯鴻志公都歡聚一堂，十分高興。聽二伯說他出來前，共產黨正在晉城縣西郜村老家進行清算鬥爭，把我們的全家人都掃地出門式趕離自己的家門，房屋由他們指定的人進住。家人在離開家時，急急忙忙拿了點細軟衣服包裹，帶到村外的窯洞裡暫時棲身，全部家中的財產、物品皆被沒收，分配給別人。我家持有的煤業公司、礦場、商行店鋪和農田土地，也都在一夕間全部沒收，可說是一所無有了。

帶頭鬥爭的人，因顧慮到一旦我三伯父鴻惠公有天領兵返鄉會對他報復，特別暗助我二伯在開鬥爭大會前，由無人把守的小路逃離村子出走，算是放了我二伯一馬。二伯並且說：「還好一年多前元旦（我的乳名）堅持主張要去洛陽，逃過了一劫，算是幸運。」

在當時三伯已調任第三十一集團軍司令部隨軍組少將組長，駐在新鄉市。

春假期間，有天上午在家無意間聽到在家中幫忙的兩位女眷在交談中說到我父親鴻慰公去年夏天在西安因開痔手術失敗過世，三伯因我尚未成年，知道了會心裡受創，影響我在學校讀書，交代三娘不要讓我和道，等我成年後告訴我；問起來就說仍在西安工作。我聽了心中難過，暗自流淚。原來一年前三伯路過洛陽到潞中看我時，在囑咐我好好讀書外，留給我的那枝新民牌自來水鋼筆和那雙皮鞋，就是先父的遺物。爲了不讓三伯三娘操心，強裝著還不知道。

記得先父在我幼年時，庭訓嚴中顯愛；我十歲那年，因日軍常來掠奪，離開家鄉到後方西安去參加抗日工作，不意竟成永別。實在是戰爭的罪惡，亂世的悲劇。

過完年，我回洛陽潞澤中學繼續上課，不時傳聞共軍要來攻城，洛陽的人心不安，放暑假我回到三娘遷居到鄭州的新家。當時三伯調任河南省博愛縣的縣長，是距離山西省晉城縣最近的地方，也是國軍控制區的最前線，隨時有被共軍圍攻的可能。

爲了安全的理由，三娘叫我轉學到河南省會開封市去讀書，我轉學到開封的西北中學繼續上學；西北中學的校址是設在徐府路山陝甘會館內，屬北方宮殿式建築，氣魄宏偉，面積廣大。也是錢莊票號時代山西省、陝西省、甘肅省西北三省的商人所興建。

是年夏天六月，共軍集結陳賡縱隊的優勢兵力，圍攻博愛縣城，國軍守軍一營寡不敵眾，突圍撤守，三伯身爲縣長率保安團隊奮力抵抗，終因敵我兵力懸殊，城被攻陷下落不明。

三娘與三伯失去聯絡後，決定把家遷到了黃河南岸的重鎮鄭州市。接到四伯從台灣來信說爲了安全，請三祖父到台灣去住。二伯和三娘隨即安排三爺爺先乘火車到上海，再轉搭輪船平安抵達台北。

不久，共軍集結優勢兵力進攻開封，經三天激戰，開封城陷，守軍師長李仲辛將軍在龍庭陣地殉國自殺成仁；通往龍庭的直道的兩旁潘家湖、楊家湖沿直道兩側的湖面被血染紅。

當天巷戰十分激烈，共軍逐戶逐屋鑿穿牆壁肉搏戰鬥，國軍重砲兵團從龍亭朝南門外發射的重榴彈砲彈從屋頂上空呼嘯而過，窗戶震的發響，我把棉被鋪蓋在桌面上躲在桌子下面，忽然「砰」的一聲，一名共軍士兵在我住的學生宿舍院門口朝著我這間屋內開了一槍，子彈斜穿過了桌子前上沿和桌面上的棉被後打在牆上衝擊了個彈凹後掉落在地上，我和躲在桌子下面的一位同學盡量地低縮著頭；在聽到那個兵喊「屋裡邊的人出來」時，我和同學都從屋裡背緊靠著牆走到院裡在屋廊上蹲著，那個殺紅了眼的士兵，槍對著我們說了幾句話，在聽到像是指揮命令的一長聲哨音時，就轉到別處去了。「好險！差十幾公分就被子彈打中了！」我和同學不約而同地摸著自己的頭驚愕地說。

城陷之次日，共軍入城後，我和同學從被大砲轟得歪斜的南城門的缺口，跨過士兵的屍体，逃出城去，到農村的同學家暫住，遇到有共軍的野戰步兵官兵，爲躲避國民政府空軍飛機的炸射，也在同學家的村中農民房舍裡和樹蔭下隱蔽休息。

其中一位團級政治委員見到我們幾位同學，主動跟我們和善的打招呼，向我們宣傳共產黨的理想，分析當時的政局情勢；記得他指出當時的國民黨有三大基本弱點：其一是對廣大人民的痛苦無關痛癢，其二是高層只爲自己的權力官位著想，党性不強，其三是貪污腐敗的多，他們把握住了這三大弱點，再加上有國際共產黨蘇聯的支助，自信可以取勝。在農村住了一週，等到國軍反攻回來，收復開封，共軍全部撤出城後，才返回學校。

在共軍集中優勢兵力，對各城市的守軍進行各個擊破，及城破後稍停數日即刻撤出的所謂「攻取而不留守」的城市戰略下，開封市難保不再被攻陷，各學校開始南遷應變。

教育部在南京設立了接待站，收容從魯豫各省南下流亡的學生。我編入在國立大梁聯合中學高中部。校址在江西省鉛山縣，是抗戰時江西省司令部的所在地。學校設有軍訓教官，教師中也有共黨分子，公開在課堂或學生集體大宿舍裡，宣傳共產思想，批判孔子學說。

此時，我和三娘、二伯失去連絡，在學校除食住由公費提供外，生活用品所需費用失去經濟來源，精神也頓失憑依；所幸，抗戰勝利後就先到台灣的四伯父鴻恕公把我當親生子愛護，從台灣來信給我勉勵呼我為兒，並經郵局寄錢給我，接濟我購買日常生活的必需用品。

當時每個學生過著像軍隊的集體生活，自己要照顧自己，有的同學因營養不良，感染瘧疾，醫藥條件不好，病死在異鄉。

四、香港奇遇

民國三十七（公元一九四八）年十月，共軍在全國各地與國軍激戰，東北已經陷入共軍之手，我和同學八人一組，請假離校前往廣州乘免票火車前往香港，到深圳車站時，被查票員以免票只能到此為止，下站入英屬香港九龍，無票不能乘車，請我們八個人下車。

下車後，步行越過中英交界，沿著廣九鐵路並行的公路向前行，口渴了就喝路邊的山泉水，自以為樂。

前行不多久，有輛巡邏警車在我們面前停下，下來兩名香港警察，為首的問我們到那裡去，我說去香港，他又問在香港有親戚嗎？我說沒有，有朋友嗎？我說沒有。另一名警察說那你們找誰？我說我們是從北方戰亂中逃難的流亡學生，來找在香港的同胞幫助。說完，警察一揮手請我們登上警車，向前行駛。

那是輛四分之三型警車，我們八個人坐在上面不算擁濟，在山坡公路上彎上彎下開了約三十分鐘停了下來。一名警察下車指著山下那一片五顏六色閃閃發亮的燈海世界說：「到了！請你們下車自行前往吧！」等我們連帶隨身行李一併下車後，他就上車疾駛而去。

向山下一看，我們高興的跳了起來，那是我們從未見過的水晶世界，真是太美麗了。這時大約是晚上七點多鐘。我們八個人以「八仙過海」自喻，滿懷興奮地往山下九龍市區行進。

到九龍市區時，街道兩旁商店行號皆已打烊，偶見清潔夫在馬路兩旁路燈光照下打掃街道。

我們邊走邊看兩旁商店行號的招牌，期能找到適當的訪談對象。最後走到了油痲地火車站，廣九鐵路的終點站，也是九龍去香港島的輪渡碼頭，時間已是深夜；我們像在內陸躲避戰亂的流亡生活一樣，選擇在車站內休息過夜。

才剛要在站內候車大廳的椅子上打盹，兩位巡邏警察走過來向我說這裡凌晨三點就有旅客要來等候乘車，不宜在此休息；願幫助我們安排合適的地方夜宿。說著就帶我們到一個離車站不遠處的空房屋內去休息。我們一走進屋把行李捲打開鋪好，躺下去就睡著了，直到次晨七點醒來時，聽到屋外有船舶汽笛鳴叫聲。原來我們睡在的是警察局的臨時收容所。

早起後，我們分二批次到街上去吃早餐，把銀圓換成港幣使用。早餐後向警所說了聲「謝謝」後離開了收容所去找合適的旅館。

在步行了約二十分鐘的街道上選了一家店面很窄只有樓梯通往二樓的旅社走了進去，我向櫃台的人說要住宿有房間嗎？那人說有。接著看到後來的同學進來後，他立即改口說：「房間是有，不過是已被人家預定了，房間現在是空著但並沒有取消，還得保留著，請各位到別家旅館去吧！」

下午，在繁華的大道上，我選擇了一家較大的旅館，名叫「和平大酒店」，向櫃台辦妥住宿手續後，八個人住進兩間用不透明玻璃隔間的房間。

第二天，我們出去先到九龍總商會拜訪，一位年輕職員接待。我說明我們是北方避難的流亡學生，來香港是尋求對流亡同學們的救助管道和可能的救助，那位職員說：「我實在跟你說，總商會對有利害關係的官署人員，花大錢都很平常，對這類行好事的錢是吝惜的；一切開支都要先有預算。」他對我們的情況很同情，可是用不上力，建議我們去珠海學院試試看。

初到香港人生地不熟，連使用交通工具都陌生，想到做學生買書本和紙張筆墨都是到書局，開書店的人會同情學生，我們改選書局、書店為爭取救助的可能對象，在街上到處尋找書局、書店。

有一天，到一家書店見到掌櫃的，我說明我們是北方逃避戰亂的流亡學生，來香港尋求救助同學的管道和可能的救助後，那人指著手上的報紙所登「論聯合政府」的社論說，「現在北平已在談和不打了，你們可以回家了，可以不作流亡學生了。」我也就不便再說甚麼。幾天來，辛苦徒步找到的書店、書局，遇到的反應大致相同。

第六天，我們乘渡輪到香港島去，在街上約好兩組分頭去找爭取的對象書店、書局。如果找到了就到廣東銀行前會面同去。結果是甲組找到了，到廣東銀行前去會合，看不到乙組的人，等了一會，不耐等走開了；乙組的人到廣東銀行前去會合，見甲組的人未在那裡，稍待一會兒，沒耐心走開了。如此費了很多時間才踫到面。原因是約會時沒有約定會合的確定時間。

要離開香港島回九龍時，在一處轉彎的道路上迎面來了兩個看似來意不善的人，對著我說了兩句聽不懂的廣東腔官話，我大聲說你要想做甚麼，後面的同學馬上跟了過來，那兩個人見人多不講話從旁邊走了過去。

回旅館後，當晚七嘴八舌的結論是此次香港行有興奮有挫折有收獲，預期落空，太過天真，明天就回廣州。旅館費要我去商請旅館減半，務必爭取同情能夠成功。

次日，也就是第七天的早上六點，我拉開房門就看到旅館的胖子管理員躺在躺椅上，堵在門口。我趕緊說：「你早！」胖子從躺椅上站起來說：「你們起來啦！」我向他說：「我正要到你的櫃台去向你請教。」一位同學陪著我和胖管理員一起走向樓層一端的櫃台，胖子走進櫃台裡邊，坐在他那特製的胖人座位上，請我和陪我的同學坐在櫃台前面正對著他的旅客座位上。

沒等我開口，他就拉開抽屜拿出一張紙箋放在櫃台上我的面前說：「這紙箋上寫的是我的意思，請你看看清楚。」

我拿起紙箋一看，幾乎不敢相信我的眼睛，擦了一下眼，跟旁邊的同學說「沒弄錯吧！」紙箋上寫著：「各位年輕顧客先生：我是這樓層的專任主管，你們的情況我已清楚，你們住的六天旅館費可以免付，由我來負擔。爲免繼續虧損起見，務請各位顧客能早日搬出旅館，我們後會有期。鄭剛」。

弄清楚無誤後，我和同學兩人立即向鄭先生鞠躬說代表全體同學向他的俠義相助致謝。喜出望外地離港返穗。

事後看來，我們八個同學可說是國共內戰以來第一批流亡到香港的難民了。

五、照片選憶

（一）童年鄉里

晉城縣西郜村

張家祠堂壁雕

我的初階軍官照

我三伯母 80 壽照

我高中生照

表兄牛喜禮和我合影

我 18 歲照

（二）抗戰始末

作者六歲時，日本藉故製造七七「蘆溝橋」事變，進軍莞平入侵華北，民國二十六（公元一九三七）年七月十七日，軍事委員會蔣介石委員長在江西廬山宣示對日全面持久抗戰。抗日戰爭的源頭是自日本侵佔台灣、澎湖開始。（見證照片如附錄 235 頁）

民國三十二（公元一九四三）年十一月二十七日開羅會議宣言，戰後台灣、澎湖歸還中華民國。並經「波茨坦宣言」確定履行。

民國三十四年（公元一九四五）年十月二十五日，在台灣省受降典禮中，日本台灣總督兼軍司令官安藤利吉受領中國戰區最高統帥兼中華民國國民政府主席蔣中正所派任台灣省受降主官陳儀所發台灣省行政長官公署第一號命令。

第二章　投筆從戎

一、從軍經過

回到廣州稍停，當時傳言南京可能不保，政府有向重慶搬遷之說，我們一行前往桂林，途中獲悉東北長春已陷共軍之手，在經過全州車站時，看到青年軍二〇五師招收知識青年從軍的佈告，我們八人議定不再流亡了，要投筆從戎；留兩人在車站看守行李，其餘六人到全州市內招收知識青年站去報名。

辦完報名手續後，說好我和郭應傑留在招收站，其餘四人回車站去拿行李，並和看守行李的同學一同把我和郭應傑的行李帶來報到。

未料，他們到車站後改變主意，不來報到了，順便把我們兩個人的行李也帶走了。我除了一張高中學生證外可說一無所有了。

後來，他們向傘兵招訓單位報名參加了傘兵，也到了台灣，被分發在屏東傘兵基地接受入伍訓練。不幸，有的在突擊東山島戰役中陣亡，為國犧牲了性命。

民國三十七（公元一九四八）年十月二十五日，全州的招訓站把我們報名從軍的青年學生送到了廣東樂昌青年軍二〇五師招訓組接受編組，展開在湘、桂、粵樂昌、廣州等地協辦招收知識青年的工作。

當時，共軍已於九月二十四日，攻下了山東省會濟南市，戰局有急轉直下的趨勢。戰火距離廣東省尙遠，但社會大眾已呈現中立的心理，認爲國共那一方當權都無所謂，只以爲是換黨執政換人當權而已。完全不瞭解共產革命馬克斯主義的階級鬥爭的殘暴和違反人性，會帶來的劫難。

當一般老百姓聽到說共產黨在北方農村進行清算鬥爭的情形時，總是會說「共產黨也是人」，不相信會是如說的那樣。我當時的感覺是一般人民的劫難恐怕逃避不掉，一旦事到臨頭，後悔就來不及了。

民國三十七（公元一九四八）年底，徐蚌會戰國軍大敗，戰局急轉直下，蔣中正總統經過與副總統李宗仁先行商談，於民國三十八（公元一九四九）年一月二十一日在官邸召開會議後，對外宣布引退；由李宗仁代理總統主持與中共和談。

在宣布引退前，蔣總統在軍事和人事上已作好了部署，任命陳誠爲台灣省主席兼台灣警備總司令，任命湯恩伯爲京滬杭警備總司令，任命朱紹良爲福州綏靖公署主任，張群爲重慶綏靖公署主任，宋子文爲廣東省主席，余漢謀爲廣州綏靖公署主任，加強了對國民政府可控制區的人事掌控。

蔣公引退回到溪口老家後，溪口立即成爲政治中樞、仍有權力直接調動部隊，指揮行政院長閻錫山以下部屬護運故宮寶物，與中央銀行庫存黃金、銀元、外幣全部安全運到台灣。

民國三十八（公元一九四九）年四月二十三日，共軍搶渡長江，攻陷南京，李宗仁代總統率領國民政府遷都廣州。

民國三十八（公元一九四九）年七月二十八日上午，我們招訓組的官兵奉命搭乘台青輪商船抵達台灣，在高雄港碼頭登岸，隨即受到歡迎，登上接迎車直趨鳳山五塊厝營區，重新編入國民革命軍陸軍第三四〇師接受新軍訓練。師長是胡應傑少將。

軍營生活安定後，我趕赴台北回家見到了別後重逢的三祖父孝慈公，父親鴻恕公，母親許氏素真大人，及弟弟國耀、妹妹鴻英、麗英、和剛出生的殿英。家人在戰亂巨變中能夠團聚，恍如隔世，欣喜之至。

二、新軍訓練

當時的新軍訓練，生氣蓬勃，士氣高昂，「反攻、反攻、反攻大陸去」和「保衛大台灣」的歌聲嘹亮雄壯。其中有段歌詞是：「保衛大台灣，保衛大台灣，保衛民族復興的基地，保衛人民至上的樂園！萬眾一心，全體動員，節約生產，支援前線……」。新軍的六戒「一、戒嫖。二、戒賭。三、戒虛偽。四、戒驕隋。五、戒貪。六、戒擾民。」用醒目的字體標示在營區官兵生活大廳的牆壁上，警示官兵。訓練司令官是遠征軍抗日名將孫立人將軍。

當時的台灣，因日據時期日本發動太平洋戰爭，島上的一些工業建設皆為美國空軍炸毀，資源都被日軍所耗盡，人民的生活還非常窮苦。

從一九四五年三月一日，美軍大炸台南市區，大火兩日未熄，詩人黃拱五時年七旬，避居大內鄉下，當時所作「聞台南屢受爆擊幾成邱墟」的詩文可知劫難慨況。其詩云：

三百年來浩劫繁，古都烽火又重翻；舊新第宅殘灰跡，頹壞門牆變野原。頭上飛鷹窺白晝，窟中藏兔放黃昏；人言市鎮凄涼苦，作客聞災更斷魂。

赤嵌塵氛日尚驚，雷轟電掣見威靈；溝壕爭踞逃生命，鐵壁空洞稱護屏；樓下堪憐盆覆鼠，風前可畏體分形；兵戈能得幾時息，悔禍天心拜帝庭。

再看辜振甫在「勁寒梅香——辜振甫人生紀實」書中所記述：

一九四五年五月，他的愛妻黃昭華在窮鄉僻壤的桃園大溪生病了，懷疑是腸結核，找不到醫生診治，也買不到藥。醫生都被日本徵召去南洋當軍醫去了，藥無法進口。台灣當時沒有製藥能力。眼睜睜看著他那只有二十四歲的愛妻走向死亡。

更可悲的是買不到棺木，辜振甫只好上山去檢樹枝木柴，倚著山邊架起來，火化遺体，爲她檢骨，安置在靈罈裡供奉。

從上述鹿港首富辜家的境遇，可以想知當時台灣社會的窮苦情況。

戰後，在國民政府接受人員尚未到達臺灣以前的三個月期間，民國三十四（公元一九四五）年九月九日，日本政府經駐日盟軍司令部許可用水上直升機由前台灣總督府主計科長鹽見俊一把印刷好的紙幣從東京運到台灣發給在台灣的日本軍政人員到翌年三月的薪資，用來搶購實施配給的物資，對當時的物價和經濟影響很大。是日本臨走給台灣留下的經濟地雷。

民國三十四（公元一九五五）年十月，光復時，台南作家吳新榮在歡欣台灣重回祖國的文中說：「五十年來爲奴隸，今日始得自由，今日始得解放。」

光復後，不到一年半，就發生二二八事件，因當時到處是廢墟，人民的生活窮苦，大量工人失業，從南洋戰場回來的無業浪人爲害治安；台共首領謝雪紅組成的二七部隊攻佔中台灣，台中嘉義市長或被拘禁控制或棄職逃逸，戰況激烈。據其副隊長古瑞雲稱，二七部隊是一支道道地地的紅軍（共軍）（見古所著的台中風雷56、57頁）。

其突擊隊長陳明忠於民國九十四年受邀口述時，直言二二八被捕被槍斃的多是共產黨（自由時報94、2、29載）。加上不甘投降的日本少壯軍人蠢蠢欲動，日據時期既得利益者惶恐不安，整個社會呈現着一個十分複雜混亂不安的局面；終於釀成了當時維持治安的公權力政府軍隊和警察被反政府的武裝民衆所挾持的民變，與爲了增強公權力維護社會秩序及公衆利益所進行的清鄉鎮壓。

經過了二二八事件的時代悲劇，四年間復員緩慢，我到台灣時，社會治安雖已相對的比較良好，民生物資仍不充裕。

在湘桂粵樂昌廣州招收知識青年工作期間，我被青年軍二〇五師招訓組逐次提升到中士級，到台灣編入新軍入伍後，又從二等青年兵開始，當時一個月的薪餉是舊台幣五元，只夠在營區裡的供應部買幾次陽春素麵吃。可是大家都能共體時艱，不以爲苦。

在酷熱的鳳山基地，部隊的官兵打赤膊穿紅色短褲和自已編織的草鞋，在操場和野外訓練，嚴格認真。

我的步槍射擊成績優良，有一次被選派參加在大碑湖野外實彈射擊演練，表演給孫立人將軍所聘富有歐戰經驗的德國軍事顧問史坦因檢視指導。

不久，警衛營挑選士兵送往鳳山陸軍軍官學校第四軍官訓練班軍士隊受訓，我是其中之一，畢業後回到原部隊服務任伍長。

美國國會議員諾蘭先生訪華，孫立人司令官接待他到鳳山基地參訪新軍訓練，我被選派參加在官校營區內實施的小部隊超越障礙演練；其後諾蘭衆議員一直是美國對華最好和熱心支持中華民國的國會友人。

部隊每週都有一次集合到陸軍官校營區司令台前的操場上，聽司令官孫立人將軍上課。

在炎熱的太陽下，每個人戴著斗笠坐在小板橙上，把一塊簿的方形木板擱置在兩腿上，拿著筆勤做筆記。很多時間是講述他在抗日戰爭時期，領導遠征軍三十八師在印緬戰區與日本軍隊作戰的經驗，和他在美國維吉尼亞軍校受訓的嚴酷考驗。

他特別強調軍隊訓練要注重實在，每一動作都要檢查是否確實。提出「誠與拙」二個字，作練軍的基礎信念。

他來視察部隊操練時，曾在操場上，走到迫擊砲操砲手面前親自用手去摸架好的迫擊砲底盤，檢視有沒有放的很穩固。講評時再強調放置砲底盤若不確實，射擊一定不會準。

他特別重視部隊行軍時最前行的搜索部隊的訓練，一再強調過去在戰場上吃虧最大的是部隊行進時被敵人伏擊，所謂中了埋伏；所以如果搜索訓練不夠，就如同盲人騎瞎馬樣危險，特別成立搜索總隊嚴加訓練。並呈請當時的參謀總長周至柔上將南下蒞臨檢閱在龍崎舉行的部隊夜間行軍中搜索部隊與敵人伏兵戰鬥的演習。

不幸，在那次和我同時參加演習的一位士兵同伴腿部受了傷，送醫後將小腿截肢成殘。

民國三十八（公元一九四九）年十月一日，平津戰役結束，中共宣佈「中華人民共和國」成立。國共內戰的情勢急速惡化，形成了兩個政權的對立局勢。

國民政府按照預定撤退計畫，加速動員國營機構所屬輪船及民間商船、海軍艦艇，空軍飛機、民航飛機等運輸工具，撤運重要物資，工廠設備、和人員，如潮水般地湧現到臺灣。

同年，十月二十五日凌晨，共軍集結兵力渡海進攻金門，在古寧頭搶灘登陸，與我守軍激戰二天二夜，在高魁元軍長及胡璉司令官先後兩日指揮下，將士用命，殲滅來犯登陸的共軍，共計擊斃共軍七千六百五十九人，俘獲共軍七千零五十九人，其中有六名團長級軍官；國軍則有一千九百八十二人受傷，一千二百六十七人陣亡，有效遏止住共軍的渡海攻擊。史稱「古寧頭大捷」；爲保衛台灣安全的關鍵性一戰。與接著來的「登步島大捷」並稱爲當時遏阻共軍渡海攻臺的關鍵性勝戰。

孫立人將軍任陸軍總司令不久，在鳳山陸軍官校召開陸軍代表大會，我是部隊選出的代表之一，在會議中有位代表的發言引起數位代表不滿的噓聲，他特別向大家說開會是要代表發言的，對那位代表的話你若不同意，也要靜靜的聽他把話講完，尊重他的發言權利，你若有不同的意見也可以發言表達，大家要學習開會遵守民主的程序和規則。這句話給我的印象十分深刻。

民國三十八（一九四九）年十二月八日，國民政府的中央機構，在行政院長閻錫山的領導下從南京經廣州、重慶、成都遷到台北；從青島、上海、廣州撤退的部隊和民衆也都陸續蜂擁抵台，台灣的人口由六百萬增加到八百萬。同時把故宮博物院的國寶也用軍艦分批搶救運到台灣。中央銀行國庫所存的九十二萬兩黃金和外幣、銀元，也從上海、武漢用空軍飛機、海軍的軍艦搶運到台灣。

國產事業、及國民黨的黨營產業、民間工業、工廠等能運的都在招商局的所屬船隊，和民航公司的所屬飛機群搶運下，搬來台灣。

當時蔣總統引退下野，李宗仁副總統棄職逃往美國，只有行政院閻錫山院長一人兼三個職務，肩負執行並完成遷都和撤退軍民物資、國寶文物、黃金、銀元、外幣到台灣的千斤重擔。

有一天，利用暇日，我去會見剛隨政府來到台灣，當時在考試院銓敘部任科長的同鄉牛星橋老伯和他的家人。老伯對我很關愛，還把我當小孩子看，拿了一個小紙包裝了一點錢，塞在我的衣服口袋裡；他的小兒子振源是我在洛陽時潞澤中學的高班學長，大家在兵荒馬亂中能再次見面，感到萬分幸運，非常高興。

振源在談話中，提到有關我三伯父鴻惠公的事時對我說，他在三十八（公元一九四九）年的中央日報，看到一則報導說，張鴻惠少將在豫北作戰，堅貞不屈，壯烈殉國，特追晉中將，以昭忠烈。我當時聽了頓覺感傷，十分難過。

後來，位於臺北市大直的圓山忠烈祠在蔣公中正親自多次督工下興建完成後，國防部為表彰忠烈，特將三伯父鴻惠公入祀忠烈祠的右殿烈士祠，與歷次戰役殉國的將士並列奉祀。

民國三十九（一九五〇）年三月一日蔣中正總統在台灣復行視事，首先使用由大陸運來的黃金的一部分做準備金，改革貶值的舊台幣為新台幣，提高幣值，改善經濟。積極展開民

生經濟建設。

記得在我所屬的師部警衛連奉命從事協力阿公店水庫建設期間，當時的立法院長劉健群先生到岡山來慰勞部隊，在岡山中學大禮堂講話，他說：

我們在大陸被共產黨打敗退到台灣來，就像一個人被從山頂打得滾到山下一樣；現在我們在山下重新站了起來，反省檢討失敗的主因是在大陸時，政府中壞人多好人少，失去民眾支持；現在到了台灣政府中的好人多壞人少，我們勵精圖治，重新出發，必可中興復國。他用淺而易懂的話，激勵士氣。

當時我們全連的官兵都駐在阿公店水庫工程的附近用竹子和稻草泥土所建的臨時工屋內。爲了地方的水利建設，挑挖泥土，堆集壩堤，不遺餘力。

每個人都認爲身爲國民革命軍人爲人民大衆吃苦耐勞，是光榮快樂的事；水壩工程支援期滿，部隊回駐台南旭町營區。

有一次在全師部隊集合在大操場上慶祝國慶節的大會上，師長胡應傑將軍講話完畢問副師長、政治部主任有沒有話要講，二位都搖頭謙說沒有後，臨時指示司儀向台下部隊宣布有沒有那一位士兵同志上台報告國慶感想，我是警衛連的士兵站列在司令臺的前面，立即舉手，經台上招手上去，我快步出列走上司令台，先向國父遺像行禮，再向師長、副師長、政治部主任敬禮，站到講台的講話位置向台下全體官兵同志敬禮後開始講演。

大意是：國父爲了救國救民奔走革命，屢經失敗百折不撓，終於建立民國，他臨終時遺言，革命尙未成功，同志仍須努力。現在大陸同胞淪陷在不自由的暴虐統治下，我相信只要我們發揚國父和革命先烈的百折不撓、救國救民的革命精神，一定可以打回大陸消滅敵人，解救同胞完成革命。以上所說是今天我對慶祝國慶的一點想法，報告完畢。

慷慨激昂地作了簡短的感想報告演說後，依順序行禮後下台入列。

師長聽了很高興地向台下的部隊說這位同志講的很對，相信本師每一位官兵同志都有這種信心和豪氣。大會隨即在完成宣讀軍人讀訓、呼口號程序，和吹立正的號音聲中，指揮官喊「立正」向師長敬禮後結束。

在國民政府撤出大陸遷到臺灣後，民國三十九（公元一九五〇）年一月五日，美國杜魯門總統發表了（關於台灣問題的聲明），公開聲明美國不再對臺灣提供軍事援助和顧問工作。他說：

美國政府向來主張在國際關係中應具誠意。美國對中國的傳統政策可以門戶開放政策爲例證，要求國際尊重中國的領土完整。這一原則爲聯合國大會於去年十二月八日通過的決議所重申，該決議要求一切國家避免：

一、在中國領土內獲得勢力範圍或建立外力控制的政權，二、在中國領土內求取特別權利或特權。

前述的原則在目前的局勢下對於台灣特別適用。在一九四三年十二月一日的（開羅宣言）中，美國總統、英國首相、中國主席曾申明他們的目的是：使日本所竊取於中國之領土，例如臺灣，歸還中華民國。美國是一九四五年七月二日（波茨坦宣言）的簽字國，（波茨坦宣言）稱：（開羅宣言）之條件必將實施。日本投降時也曾經接受這個宣言的規定。按照以上各宣言，台灣已經交給蔣介石委員長。過去四年來，美國和其他盟國也承認中國對該島行使主權。

美國對台灣或中國其他領土從無掠奪的野心；現在美國無意在台灣獲取特別權利或特權，或建立軍事基地；美國也不擬使用武裝部隊干預現在的局勢；美國不擬採取任何足以把美國捲入中國內部衝突的政策。

同樣的，美國政府也不擬對在台灣的中國軍隊提供軍事援助或建議。在美國政府看來，台灣的資源足夠讓中國軍隊獲得他們認為是保衛台灣所必需的物品，美國政府擬依照現有的法律權力繼續進行目前經濟合作總署的經濟援助計劃。

杜魯門唯恐他的聲明不夠明白，隨即請其國務卿艾奇遜做更詳細的補充說明。艾奇遜說：

關於臺灣問題，有很多等於軍略家恣意討論，然而決定的基本因素並不在那個區域，而應計及美國的完整並維持一項信念，即一旦美國採取一項立場，他即堅持此一立場，至不因臨時的便宜或局部利益予以改變。

現在這個立場是什麼呢？大戰期間，美國總統、英國首相和中國國民政府主席在開羅會議同意：臺灣是日本從中國竊去的地方，因之台灣應交還給中國。如總統於今晨所指出者，開羅會議的聲明已合併在（波茨坦宣言）中，而（波茨坦宣言）則爲日本投降條件之一，並已爲日本在投降時所接受。其後不久，臺灣即根据各宣言和投降條件交給中國。

中國管理台灣已達四年之久，美國或任何其他盟國對該項權利和該占領從未發生疑問。當台灣改爲中國一省時，沒有一個人發出法律上的疑問，因大家都認爲那是合法的。因此，總統以美國不擬因台灣目前的情勢而動用我們的武力。我們不想攫取台灣，我們不想在軍事上干涉台灣。據我們所知，政府內負責人士和軍事人員沒有人相信應當派遣軍隊到台灣去。

一月十二日，艾奇遜又發表了美國國務院所稱「美國基本立場」的演說，在其中（中國的危機）中說：誰破壞中國的統一，誰就是中國的敵人；美國在西太平洋地區新的「防衛周邊」（defensive perimeter）在阿留申群島、日本、琉球群島、菲律賓群島這條島鍊上，臺灣和南韓並不包括在內，美國不會爲了庇護這些地方採取直接軍事行動。

而且，在之前一個月，民國三十八（公元一九四九）年十二月二十三日，美國國務院祕密向其駐遠東的外交代表的訓令說：「台灣的淪陷，咸認爲是不可避免的事，該島上軍民情形的惡化，更加重了這一說的正確性，爲著答覆美國輿論請求美國政府有所行動的呼籲，我們應當不時地指明：美國在台灣建立基地，派遣陸、海軍，供給軍器或從事於類似的行動，對中國或中華民國不會有何實際上的裨益，反而會使美國陷入一個長期的冒險之中，好則造成一個新的僵持地區，不好則便得正式地作戰。」並強調美國因戰略利益和力量有限，不能出兵保護台灣，「共軍如控制臺灣，將不會危及我國在遠東的地位。」

從美國政府前後對內的祕密訓令及對外的公開聲明相印證，杜魯門的「關於台灣問題的聲明」和艾奇遜的詳細說明美國對臺灣問題的立場，等於是說台灣已危不可救，難免要被赤化，美國決定擺脫軍事同盟關係，放棄不管了。

一時之間，台灣陷入風雨飄搖狀態，中共主席毛澤東在大陸調動大量共軍，集中東南沿海，揚言要解放台灣。

民國三十九（公元一九五〇）年三月一日，蔣中正總統復行視事後，立即向全國民衆和三軍將士部隊官兵宣告，他要全力保衛臺灣，並宣示即使戰到最後只有一兵一卒，他也要拿著青天白日滿地紅的國旗，守在台灣與共軍決戰到底的「退此一步，即無死所」的決心。並宣示立即進行政治、經濟、文化、軍事、黨務改革。要把台灣建設成爲三民主義模範省。

自同年四月一日起，國防部開始實施國軍政工改制，訂定了建立政治幕僚長制，確立監察制度，加強保防工作，恢復軍隊黨務，實行四大公開、革新政治訓練等六大目標。展開軍中的政治工作，包括三民主義的思想建設、軍中虛僞作假及貪污舞弊的監察、保密防諜、心理作戰、文宣康樂等項工作。

開始使用軍人身分補給証，核實部隊實有領薪餉的官兵人數員額，禁止對士兵體罰的不當管教，加強軍中保密和防範共諜，研究對共軍的心理作戰，強化軍中文化宣傳與康樂活動；在台北市北投復興崗成立了國防部政工幹部學校。

部隊開始實施四大公開、包括人事公開、經理公開、賞罰公開、意見公開。官兵在訓練操課以外，從連級起每個月要舉行一次官兵「良心檢討會」，開會時人人都可針對四大公開，踴躍發言，憑良心檢討過去或現在應該改進的缺點或錯誤，或提出好的建設性意見和建議。

受了蔣總統保衛台灣決心的精神感召，我所屬警衛連的全體官兵在全連「良心檢討會」中，通過了響應蔣總統保衛台灣的決心，由我工筆書寫「決心效命保衛台灣宣誓書」，經全連官兵同志一一簽名後，循指揮系統上呈蔣總統，誓死效命。

在經歷過美國政府一度明示擺脫與我軍事同盟關係，放棄台灣不管的逆境，及在蔣總統復行視事，金門和登步島两次戰役大捷，遏阻共軍攻勢，台灣島內政經軍事革新見效，社會日趨穩定及韓戰爆發後，美國主動派艦巡弋台海，簽訂「中美共同防禦條約」的演變過程，國民政府深悟到國際間現實利益遠比盟誼重要。乃宣示國人要「自力更生」，一時間蔚成風氣。記得有一首歌名叫「莫依賴」，歌詞說：

「莫等待，莫依賴，勝利絕不會天上掉下來；莫依賴，莫等待，敵人絕不會自己垮台。靠天吃飯要餓死，靠人打仗要失敗，我們不能再作夢，我們不能再發呆；自己的國家要自己救，自己的道路要自己開，快快快，大家一起來，快拿出力量幹起來。」

同時，在軍中和社會還流行着一首軍歌叫「一切都在打勝仗」歌詞是：「東南亞，太平洋，自由的燈塔放光芒；蔣總統，領導強，八百萬軍民煉成鋼；陸海空，精神壯，正義在我們這一方；……一切都在打勝仗，一切都在打勝仗。」

當時，國民政府在台灣大力推行道德重整運動，及不流血的土地改革，與中共在大陸上進行的階級鬥爭，和流血的土地改革，形成了強烈的對比。隔着台灣海峽進行兩種不同制度的優劣比賽。

三、復興崗洗禮

民國四十二年十月二十日，我考進了國防部政工幹部學校第二期本科班，學校大門兩邊寫著：「想升官請到別處，要發財勿進此門。」走進校門聽到廣播的歡迎詞是：新入學的同學們，復興崗熱烈的歡迎你，這裡是革命青年的溶爐，這裡不是一般的知識傳習所。從今天起，開始了你爲國家，爲革命，犧牲奉獻的人生。

入學後不到三個月，全期同學被派赴金門前線部隊去實習士兵生活，我被派到的部隊，於突擊東山島戰役時，擔任的是預備隊；登上了海軍的登陸艦在海上待命，未及參加東山島的登陸攻擊，戰役就已結束。

東山島戰役後，我調派到烈嶼二百師實習，駐防在距離廈門很近的龜山陣地，白天用望遠鏡可以看到對岸人員的活動，夜間不定時有共軍的蛙人兵所謂「水鬼」趁夜黑浪高時偷上岸來襲殺我軍守在海灘警戒守衛的哨兵。

輪到我擔任海灘哨兵時，我攜著槍彈，越過防禦壕，小心地通過地雷區，走到距離海浪較近的警戒區哨兵沙坑位置去接班，把沙坑加深了一點，把坑中的小板櫈往坑底的中間移動了一下，端著彈已上膛關著保險的步槍，兩眼注視著海面的動靜坐了下去。

漆黑的夜晚，除海浪衝擊聲外，寂靜無聲，為了預防哨兵打盹，每間隔半小時環島海岸線的「鐺！鐺！鐺！鐺！鐺！」鐘聲敲響一次，好像告訴我時間過的很快，並不孤寂似的。

我當時在想，如果真有三人一組的水鬼趁我不注意或藉海浪掩護衝了上來，以一搏三可真有問題，不禁思潮起伏，擬想應戰之道。不知覺中接替我哨兵任務的換班同志已經來到，交接完畢，回到陣地碉堡已是凌晨四點過五分鐘了。

翌晨，早餐後，我把我昨夜想好的擬案向班長報告，班長聽了很高興，再向上報告。

三天後，我到海灘去值警戒哨兵時，哨兵坑有三條細繩，一條是通往後方陣地碉堡內的警鈴，如果我發現有敵人水鬼在海面來襲時，可以不動聲色，用手拉動那條繩子，碉堡裡的警鈴就會作響，班長就會急速作適當的支援處置。另外，左手右手兩旁各有一條細繩通到不遠處設置的偽裝哨兵的肩幹上，我不定時左、右牽動一下，可以誘使敵方水鬼在海面上偵察岸邊的警戒哨兵位置時，發生誤判，好增加值勤哨兵的安全。偽裝的哨兵是在每天夜暗後才佈置，在黎明前就收取，放置在陣地的碉堡裡，不使對岸在白天可以看到。現在想起來，當時因物資缺乏，防務實在簡陋克難。

在我們將要實習期滿調回臺灣前夕，師長王文少將下令全烈嶼戶口檢查，指定在夜間實施，理由是清查有無可疑分子隱藏民間。

我們同學在該師的每一班派有一人，檢查非常認真，島上的可疑空間如空屋、涵洞等都搜查過，到天亮毫無所獲；結論是無可疑分子隱藏在島上民間。

王師長對其防務的安全更加有了信心，在歡送我們同學回臺時說，同學們在離開烈嶼最後一天協助部隊清查了一遍島上可能隱藏可疑分子的空間，對烈嶼的安全很有貢獻，他表示欣慰和謝意。也顯示了他把我們實習同學的可用潛力發揮到極致的指揮才能。

但也讓我們體認到戰地民眾睡到半夜被敲門叫醒清查戶口，在隱私和人權上實在是不得不忍受的犧牲。

金門實習期間，有的同學隨部隊在東山島戰役中壯烈成仁，如張君豪烈士等，返校後開始分科教育。

我受命參加整理在東山島戰役中犧牲同學的遺物，張君豪烈士有位要好的未婚女友，痛不欲生，當時的總政治部蔣經國主任當面向她致慰，勉勵她節哀順變，堅強地面對，並在復興崗校內給她安排ㄒ作，保障她的長期生活。

不料，她在參加東山島戰役犧牲同學追悼會後，乘火車返回南部途經嘉義站附近時，跳火車自殺殉情。寫下了一個在當時極為震撼人心的烈士烈女雙烈的悽艷感人故事。

總政治部蔣經國主任不時於凌晨四時蒞臨學校緊急集合訓話，講說革命的道理，深入淺出，感人至深；對變化學生氣質有很大影響。

受訓期間，每一位學生都專心學習革命的理論方法技術，軍中政治作戰業務，和以為國家為革命犧牲奉獻為職志，不存任何升官發財雜念，甚至連想參加高等考試或學習英文都被視為不夠專心而揚棄。

有一天放假，在台大醫院前經過，遇到一位陌生人對我說，有一位可愛的八歲女童患敗血病需要輸血，其父母缺錢買血，能不能請你幫忙捐輸點血，只要血型相同，可以救小女孩一命。我立即答應跟著他到醫院病房看這小病童、經檢驗血型相同後捐輸了二百CC。

返校次日，早晨參加學生隊跑步爬大屯山奪旗比賽，上午分組討論課時，指導員見我精神有點不振，叫我到醫務室去檢查看看，醫官告訴我說，你本身屬貧血體質怎麼可以給別人捐血，以後要注意點。那時候，學校的伙食在營養上熱量是普遍不夠的。

政工幹部學校要求學生「誠實」，考試不派人員監考，不加大座位間隔，養成學生自發的不作弊，不偷看鄰座考卷的榮譽心和誠實氣質。查到有人作弊或偷看鄰座答卷，給于嚴厲

處分，甚至開除退學。

學校設有蔣經國主任休息室，蔣主任有時夜間住校凌晨集合全校精神講話，要求學生養成走正道走直徑，不要有走歪道走捷徑，投機取巧的氣質。要求政工幹部在軍中要做到以下的信條：一、吃人家不能吃的苦。二、負人家不願負的責。三、忍人家不肯忍的氣。四、冒人家不敢冒的險。做促進部隊健康成長和部隊長的好幫手。

四、工作中進修

民國四十三（公元一九五四）年十月十八日，我畢業分發到臺南師管區步兵第一團第三營第八連任少尉連指導員，也就是後來所稱的連輔導長。駐地在官田營區。

當時一個連的軍官有十多位，連長是上尉。軍官大多年輕氣盛，活力充沛。對我這個剛從學校畢業階級少尉的連隊政工主官是一大考驗。

在一次全團訓練成績比賽中，我這個連在二十個連中得到測驗成績總冠軍；獲頒「模範連」錦旗，及「總錦標」錦旗各一面的獎勵。

在這個二千多官兵的營區中有東、中、西三個區二十多個生活消費店舖，如理髮部、洗衣部、縫紉部，餅果部、餐飲部、雜貨部、文具部等，原由民間不同商人經營，後經團長張道一上校在趙本立少校的協助下，費了很大心力與商人溝通交涉，並報請上級司令部核准，才收回改爲由團自行經營的福利社。

第一任福利社總經理是我這營的營指導員（後稱營輔導長）趙本立少校擔任，成效卓著，改善了官兵生活消費的品質，也減輕了官兵生活消費的負擔。

民國四十四（公元一九五五）年六月，因兼福利社總經理的趙本立少校奉命外調升任高職，團長和趙總經理商議後決定要我接任總經理職，隨即召見我告知決定，因不是我的法定職務，徵求我的意見，我當即向團長報告說，謝謝團長的愛護栽培，只是我現階是少尉，營區內幾乎大多數軍官都比我的階級高，再說各營業部門的女性員工很多，管理上不是我可掌握的，萬一有任何一位軍官發生糾紛，我都不好處理，可不可以請團長另選更合適的人擔任。

團長很正經地說：孔夫子說過「未有先學養女而後嫁者也」，看看美國，一個士官長可以當工廠的廠長，管理一個工廠，你已是少尉軍官怎麼不能管理一個福利社。如有任何軍官因你階級小找麻煩，有我團長辦他；我相信你可以擔任這個職務，你不知道想做這個職位的人很多，有的已經活動到臺南師管區司令部向我關說，我都不同意。你回連去好好地想一想。

隔了一天，團長在祝賀趙本立少校外調榮升高階的餐會上宣佈趙總經理外調榮升離團後，福利社總經理一職由張國垣接任。我在向團長敬酒時說報告團長我還沒想好，團長說你來給我敬酒怎麼好說沒想好。我的營長韓鐸中校在旁幫我講話說，趙營指導員當總經理時，把重要箱子放在我營長室，我幫他看守箱子，張指導員是太年輕了些。團長立即正顏地說，你是營長應該幫著我勸說他才是。

餐會後，我的連長對我說，我比你長多歲，依我看，團長好意要你做總經理你怎可說不去做，應受命去接才對。連上一位和我年齡相當，陸軍官校二十五期畢業的見習官陳興武少尉向我說，他贊成我不要去做總經理。

後來，團長指派團政治部吳主任親自到我的連上來勸說我答應去做總經理，先做三個月，不想做再換人，我還是表示願專心做好連指導員工作。

張團長治軍甚嚴，但對我這一非本職的任命，不便勉強。然因已經宣佈，不便在本團軍官中另覓人選，乃在本團早先已經外調其他部隊任職的軍官中選了一人，協調對方單位同意後，調回本團接任福利社的總經理職務。

後來，我的老長官外調升了高階團處長的趙本立中校來信給我指教，信中在勉勵以外，教我多多領悟軍人服從的道理。現在想起來，當時實在是學校剛畢業，執著於連隊工作，不能體悟長官的提攜和培育。

民國四十八（公一九五九）年，我被遴選爲預訓司令部國語示範巡迴教學教官，參加教官組，在全國各新兵訓練中心巡迴教學。

次年，調任大專院校暑期訓練中心政治教官。我利用早晚可用的時間，經由空中教學及夜間補習，勤學英文，並向外籍神父學說英語。

民國五十（公元一九六一）年七月，我考取了國防部軍官外語學校英文正規班，專攻英語口譯和文字翻譯。依規定學員於民國五十一（公元一九六二）年七月十五日畢業後，要派任美軍顧問團的相對單位，國防部及各軍種單位的外事連絡單位，任外事連絡編譯工作爲期二年。

五、中美軍事橋樑

我奉派到第一軍團司令部連絡組工作，駐地在中壢龍岡營區，上午陪美軍顧問到部隊去檢視訓練及裝備保養使用狀況，下午在辦公室翻譯中美來往文件。記得有一次我把陸軍部隊興建步槍射擊靶場工程計畫所列預算新臺幣2、〇〇〇、〇〇〇元少列了一個〇誤譯寫爲2〇〇、〇〇〇元，差減了9倍。譯文經分科組長初審通過，到文職的複審李銀波先生進行核稿時發現有誤，電話請我去校稿，當面指出譯稿漏寫掉一個〇字，預算就少了一百八十萬元，疏忽不得。立即在譯稿文上數字的末尾用紅筆加了一個〇字。並說此乃新手易犯的錯誤，他相信我以後類此情形不會再次發生。

民國五十一（一九六二）年，五月，我所服務的單位第一軍團連絡組，接到一項極機密的任務，要翻譯一項有代名的反攻大陸軍事作戰計畫。組長施孟亢上校立即把組裡所屬的各分工單位主管集合，密商如何妥適保密地快速執行。

當時，美軍顧問團的顧問們，對我國軍事反攻大陸是不贊成的，在桃園的龍潭特種部隊基地的顧問，每天工作日一上班，就到降落傘儲放庫去點數降落傘的數目，看一看有沒有缺少，判知是否有異常的軍事行動。

中美共同防禦條約基本上是防禦性的，美國軍事協助中華民國防衛臺澎，不支持軍事反攻大陸。

當越南戰爭正殷之時，美軍與國軍在臺灣南部進行聯合軍事演習，一天上午我陪一名美國年輕軍官乘車經過台南永康鄉下農家附近道路，因趕時間車速較快把一隻穿越過路的雞壓死了，這位美國軍官立刻叫駕駛兵停車，我和他跳下車檢視雞已死了，農家還有段距離，駕駛兵未等我開口就急著說在當地壓死雞是沒有責任的。那位軍官立即掏出了二元美鈔放在地上用雞體無血的部分壓著，問我說這樣夠不夠，我點頭說夠了。兩人轉身上車往目的地疾駛而去。

事後我和這位軍官聊天，才知他是西點軍校畢業，首次來臺參加演習；西點軍校要求他做軍人要講誠實和榮譽。

民國五十二（公元一九六三）年春，美軍和國軍在台灣中南部，舉行中美聯合反游擊戰大演習，代名（峨嵋二號），我分派到演習游擊部隊的一方任連絡翻譯兼裁判官。

有一天夜裡部隊在南投山區行軍，像一條長蛇從山谷沿著蜿蜒的山路小徑向山上爬行，當時擔任演習游擊部隊的是輕裝師，士兵因久訓未戰，敵情觀念比較淡薄，有人講話的聲音讓走在前頭的美軍軍官聽到了，在爬行到山麓一處中途休息的平坦地時，我和美國軍官隨著連長停了下來，後面的部隊緊接著從山下跟了上來，二十幾名官兵陸續抵達中途休息點，那位美軍軍官附耳對我說：「They are no place for gue（r）rilla.」他們實在不像是游擊隊。緊跟上來的官兵有人問我：「他剛才說什麼？」我看他們的口氣和情緒不太好，立刻說：「他說你們大家辛苦了！當游擊隊在夜間要做到不發出聲音比登山還難。」那位士兵聽了立即說：「那還差不多」。那位美國軍官問我他說什麼？我說：「他說謝謝你的批評指教。」那位美國軍官聽了後說：「那就對了。」

就這樣避免了一次因言語表達方式不同，可能引起兩國軍人的不快和誤會。我隨即把美國軍官批評士兵講話聲音大，不像是游擊隊的話，如實地附耳輕聲地告訴了演習游擊部隊的連長。

事實上，中方演習部隊一週來露天宿野，雨中行軍，已經疲累，加以多年來久訓未戰，存在有為演習而演習的心理，敵情意識很淡；而美國軍官是從越南戰場上調回，隨時還會再被調到越南戰場上去和越共作戰，所以把演習看成是實戰一樣的嚴肅。雙方在心理狀態上有很大的落差。作爲雙方的溝通橋樑，有責任隨時觀察注意，避免誤會，達成所賦的任務。

六、照片選憶

民國 37 年 10 月在廣西全州從軍時照　作者張國垣（左）
郭應傑（中）

民國 38 年在鳳山新軍入伍照　周仲南（左）作者張國垣（中）
郭應傑（右）

復興崗革命洗禮
張國垣的學生照

晨跑登山賽奪旗

課餘小憩

開赴金門前線實習作戰

前參謀總長周至柔上將由蔣經國主任陪同檢閱學生儀隊

先總統蔣公中正主持政工幹校畢業典禮　學生進入大禮堂

初任台南師管區步兵第一團第三營第八連指導員

連長（前排左起三）副連長（前排右起三）作者張國垣（左起二）

民國 37 年 12 月年由貴州運載航空發動機製造廠遷廠設備等工業設備來台灣的空軍 C-16 運輸機

民國 38 年 2 月參予由上海運載國庫黃金、銀元、美鈔等外幣來台灣的海軍軍艦之一的（峨嵋艦）

美國艾森豪總統訪華蔣中正總統在機場歡迎時所攝

我的外校學員照

軍官外語學校
外事武官語言
社交禮儀訓練

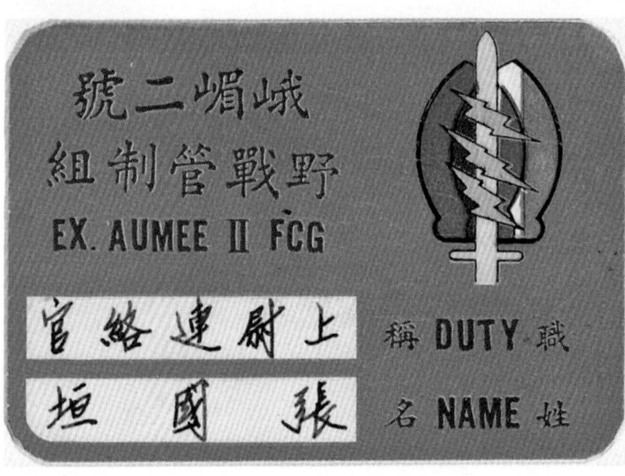

作者與美國軍官

①軍官外語學校正規班英十二期全體學員與外籍女教師合影作者（二排左四）

②在聯合作戰演習中，擔任連絡翻譯兼裁判官的作者張國垣（右）美國軍官（左）

③四位外事連絡官在美軍顧問組機坪合影（作者左二）

④學員們與教師在校院中合影作者（二排左二）

第三章　精忠報國

一、國安基層做起

國防部參謀本部由廳改爲參謀次長室後，把原第二廳所屬的各單位合併擴大改組，依蔣公中正的訓示，到部隊去考選各軍官學校、政工幹部學校、憲兵學校畢業的年輕軍官充實戰力。

民國五十三（一九六四）年五月，國防部聯二韓瑞雲中校主動寄了一份人事調查表給我，希望我考慮填寫參加國防部的甄選考試。我經過考慮接受甄選，填好了表立刻寄去。經按照通知到台北參加甄選考試通過後，獲得錄取。而我的外事連絡編譯工作的管制二年服務期限，恰好屆滿。

很快的就接到命令調派國防部聯二所屬單位服務，開始接受工作上的專業訓練，從最基本學起，在結業後從最基層的工作幹起。

由於服務的地點在臺北地區，為了充實自己的學能，我利用下班以後的時間到台北市的一所名補習班的精進班，去補習數學；和一些應屆高中畢業學生擠在一起，像沙丁魚似地手放在窄板課桌上，擠坐在窄長的板橙，狹小的教室裡，聽教師超音速似地講課。沒有冷氣，只見吊在空中的電風扇打轉。

在大專招生聯考舉辦第一屆夜間部聯考時，我報名參加考試，考取了當時的省立臺灣師範大學英語系。

就學期間，每天下課回到營區的單身宿舍，已經很晚，要到將近夜間十一點三十分才能就寢。除颱風天以外，風雨無阻，尤其是冬天寒氣襲人，毫不覺苦。

在沒有考取師範大學前，為了獲得多方面的知識，我晚上曾到台灣大學夜間部去選修經濟學，獲益不少。

在工作上，白天上班時，有機會就向經驗豐富的高階軍官虛心請教，由於出於誠心，交談者多樂於把一些成功的和失敗的經驗，熱心的傳授指教，我獲益良多。其中一位處長級主官馮興備將軍的一句話，對我影響很大。

他告訴我說，法律素養與法律知識是工作開展的條件之一，建議我盡可能加以充實。我銘記力行，後來竟成了我數十年迄今，在工作事業上，和從事公益幫助弱勢時潛在的有力憑藉。

重。

隨著在專業知識和技能方面，較快的成長進步，上級交賦我負責的工作分量也逐漸的加

不過，有一天，當時在國家安全機構任職，以前是我在步兵第一團第三營時的營長涂以仁上校，在一次私人餐聚時，很關愛地對我說：「你不應該不在你的政戰本科上發展，改到國安相關機構，你的發展會受到限制，不如在你的本科發展要好。」我當時深深感受到老長官對我的由衷愛心，立刻說：「謝謝營長對我的關愛教誨」。

民國五十五（公元一九六六）年四月，奉當時的國防部部長蔣經國上將頒發國防部服務紀念章乙枚。

二、派駐日本

民國五十六（一九六七）年，我奉派赴日本我中華民國駐日大使館武官處工作，爲了充實學能，利用公餘時間考進東洋大學第二部也就是我國所稱的夜間部法律學部進修。

當時在東洋大學第一部（日間部）專攻博士前期碩士學位的有在國內家庭事業都已經有相當成就，還利用可用時間，去自我進修的孫永慶學長、江宏遠學長。後來，二人學成回國後，孫學長繼續擴大興辦教育，在高雄台北作育了無數的青年人才。江學長在新加坡事業上

有了更好的發展。

初到日本的首都東京都，印象最特別的是我到上野公園時所看到的一個景象。有一天，當我出了東京的環狀鐵路山手線的上野車站，跟隨著人潮往上野公園走，老遠就聽到了哀悽的手風琴聲。

走到公園入口的石階前，看見有一組穿著日本侵華時軍裝的日本傷殘軍人，一個是殘了半條腿用拐架撐著肩窩，兩手操作著手風琴，用心地搖奏著哀悽的軍樂；一個是戴箸二次大戰時的日本軍帽，穿著皇軍制服俯伏地爬跪在鋪了白布的地上，臉向著地面，頭前豎放著一個白色長方形紙盒，在朝人行道的盒面上，用日文漢字寫著「祈平和」三個大字；也就是中文「祈和平」的意思。另外兩個穿著同樣軍服的舊日本傷殘軍人在一旁陪著，缺了手臂的站著，缺了半腿的坐著。

我當時不禁毛骨悚然，立即憶想到抗戰時日本軍人在中國大陸的殘暴形象。感覺到他們對戰爭的殘酷和罪惡，真是覺悟了。

當時，戰爭已經結束二十二年了，日本在全國上下一心一意死心踏地拼經濟下，也已經由貧窮變爲富有，東京都已經由廢墟變成了繁榮的花花世界，日本的憲法已改成非戰的和平憲法，他們還天天在公園入口人潮往來之處，那麼辛苦地向世界的人們訴求「祈平和」，給我的印象真是深刻。

後來，據說日本政府除了給他們傷殘軍人的優遇外，還願另外給他們一筆錢，要求他們停止在公園入口的訴求活動，爲他們所拒絕。

記得有位日本朋友對我說，在太平洋戰爭結束前一年，因爲長年的戰爭損耗，及海運受到美國海軍的封鎖，物資奇缺，日本軍部製作軍服缺乏鈕扣，日本政府下令全國男性國民把褲子前面的第二個鈕扣取下捐獻給政府，提供軍部軍服製作廠趕製軍服使用。

憶及有一天，日本報紙和電視，都以醒目大標題報導中蘇開戰，說雙方爲了在黑龍江中間的一個迷你小島嶼——「珍寶島」的領土主權，互不相讓，爆發激戰。蘇聯紅軍死傷甚多，百多個蘇軍陣亡官兵的棺材，成排地擺列在草地上的鏡頭畫面，出現在新聞報紙和電視上。報導指出，當時中共毛澤東主席宣稱，中國對領土主權的維護，寸土不讓，蘇聯要打，不必在邊界的江中小島嶼進行，中國願空出塊地方讓蘇軍到中國境內來大打。當時，日本對兩個共產大國的開戰，極爲重視和驚奇，稱之爲「珍寶島事件」。對中共維護領土主權寸土不讓的開戰態度與果決作爲，印象深刻，增進了認識。

說到這裡，我又想起了一件事，有一天在日本東京的電視和報紙上看到報導中華民國政府在台北宣示釣魚臺列島（日稱尖閣列島）是中華民國領土，主權屬於中華民國。日本記者據以詢問日本外務省（外交部），外務省的官員竟茫然不知釣魚臺島在那裡，紛紛批評外務官員太過官僚，不知在釣魚臺島海域底下儲藏有豐富的石油資源。後來，美國片面決定把琉球

（沖繩）移交給日本時，把釣魚臺島的管轄權一併交給日本。美國國務院聲明，釣魚臺島是美國在琉球（沖繩）駐軍的空軍炸射靶場，交給日本的只是對該島行政管轄權，不是領土主權。當時中華民國外交部曾發表聲明，把琉球交給日本，是美國未經與同盟國協議單方所作的決定。

我常經過東京一個有名的景點，那就是澀谷的忠狗銅像前，在那裡可以看到相約見面的情侶遲到時，先到的一方那種等待的焦急，和兩人會面時的喜悅。也可以看到政治意識不同的兩方人士，在那裡面對面的辯論。

最引我注意和好奇的是經常看到有一組右派人士，其中三個人坐在石檯上好像是聽眾，一個人站在離石檯不遠的地方用圖表文字，向在廣場上經過的路人，或駐足觀光的人宣傳反共理論，有一位左派人士走到右派演講人的面前去駁辯，兩個人面對面距離最近時，鼻子對鼻子大約相距只有二十多公分，辯詞針鋒相對，理性爭辯，不出惡言，可說是真正的做到了動口不動手。

當時，我想那一天國內政治意識不同的人，或者意見不同的人，也能有像他們這樣的爭辯方式就好了。

沒想到過了三十七年後，到民國九十三（公元二〇〇四）年，從電視新聞鏡頭看到，當國際刑事專家李昌鈺博士和他的美籍助理在臺南縣陳水扁總統搶擊案兩顆子彈現場勘察時，一位觀看的婦女說了一句對槍擊質疑的話，竟立刻被在場不同意見的人打倒在地上圍毆。

這種不理性的野蠻落後暴力現象的出現，其原因何在，責任歸誰，我全國同胞，尤其是政治領導人士，實應該理性的反省與深思。

很不幸，又過了兩年，民國九十五（公元二〇〇六）年九月，民進黨執政的陳水扁政權，急速墮落，陳水扁總統及其家人近親和他在總統府內的左右親近部屬涉及貪腐弊案和內線交易，長期「玩弄國家名器與司法」，「違法亂紀，罄竹難書。」民怨沸騰，百萬人民反貪腐走上街頭靜坐，要求陳水扁自動下台的活動，遍地展開；在台北數十萬人上街遊行靜坐要求他辭職下台的活動和平落幕。但在台南市的民眾合法靜坐活動，卻因執政的民進黨動員反制，警察怠予執法，致一位女子開著紅色自用車經過反制靜坐的群眾附近時，被民進黨動員來的群眾中八個大男人不由分說就攔車圍打，把車子前後左右車窗玻璃砸破，連續十多分鐘，電視看到的是一個無政府的暴民群對過路的行車的打砸現象；當警察出現時，那位無辜受害的弱小女子，坐在被砸毀車裡駕駛座上，身體險被打到，心理驚恐受傷甚重。這個暴行鏡頭，全世界都看到，台灣的民主法治和人權，倒退到幼稚的程度。另據新聞報導有當時在場執勤的基層警員向媒體電話投訴，當時他在現場附近，有高階警官下令，不要去管，等民眾砸車後再去處理。雖經台南市警察局長對下令的事加以否認，但政府有意以暴力恐嚇人民的恐怖暴行，已顯露無遺，至感痛心。

在日本，雖然當時戰爭已經結束了二十二年，日本人民反對戰爭，厭惡戰時日本軍人的氣氛還很盛。

在一個週末，我在電影院看了一部描述日軍在南洋海島駐紮的影片，其中描述日本侵略軍的軍官對日本兵的苛待，作威作福，士兵敢怒不敢言；一名炊事兵，在廚房把給他的上官要吃的一碗湯麵做好後，把自已的頭髮對著麵碗，用兩手抓動頭髮把頭皮屑往碗裡抓灑，然後稍加搖晃，再恭恭敬敬地兩手端著送呈到他的上官面前，請上官吃他做好的湯麵；那個軍官還若無其事地擺箸一付架子享用的可笑樣子。

很難想像當年日本軍隊的軍士官對士兵的粗暴虐待，會引致日本兵以如此的方式報復消怨，那些被徵去南洋日軍中叫做「清國奴」的台灣軍伕、高砂義勇隊所受的虐待怨氣，該是用甚麼樣的方式才能夠忍受和消解。

在民間反戰的同時，在學界、政界、社會上經常可以看到對中華民國蔣中正總統「感恩謝德」的活動；辦理活動的人大都是感念在日本戰敗時，蔣中正主席排除萬難，把他們一百二十多萬日軍戰俘和七十多萬日本僑民儘速遣送回國的日本人。

當時的情況是，中共在中國大陸上正火熱地進行無產階級文化大革命，及殘酷的內部權力大拼鬥；中華民國在台澎金馬復興基地正官民一心，勵精圖治，積極發展經濟，政治清明，政局安定，人民安居樂業，國勢烝烝日上；日本國民中從中國戰區遣送回日的一百多萬戰俘正達中壯年期，他們對侵華戰爭造成兩國人民的災難和罪惡感，及戰敗後中華民國「不念舊惡，與人爲善」的以德報怨對日政策，還記憶猶新；我有幸適逢其時，身歷其境，在日本到處感受到無上的尊榮。享受到做中國人的風光。

在駐日的翌年，我晉升中校。民國五十八（公元一九六九）年底，任期屆滿，奉命內調返國。

駐日期間，依我的觀察，當時的日本國民，刻苦勤勞，普遍具有集體性、服從性，少見個人互別苗頭；有危機意識，有羞恥心，知道「民無信不立」；對事精益求精，力求完美；對人有禮貌，重倫理，不現粗鄙；學習歐美文明的自由、民主、法治、人權達到了一定的程度。社會安定，人民安居樂業，各人做自己有興趣的事。李鴻章曾說過「日本人表面恭謹，內心狡猾。」的話，那或許是他就其當時所接觸的那些日本政客所得的觀察吧！。

但因戰後日本未像德國一樣對戰爭責任徹底的自我悔悟，軍國主義餘毒猶存；例如極端分子在公開場合對政治人物岸信介首相的行刺，詩人三島由紀夫的公開切腹自殺，及穿著二次大戰時日本皇軍服裝，打著「政治結社」旗幟，開著重頓位大型車，車上插滿了旗子，裝有超高分貝音量的擴音喇叭，用超大聲音播呼口號，在市區街道穿梭呼嘯而過，引致行人和居民側目而視，毫不在手的霸道行徑。雖是少數並非主流，卻是潛在的隱憂，多數善良的日本人民，易受其裹脅，走上錯路。是其先天擴張性、後天侵略性、欺弱怕強的國民性之具體表徵。

近年來，看到開著裝有高音喇叭，插著「政治結社」及「台獨建國」旗幟的重噸位大型卡車車隊，在臺北街道上高聲叫囂，呼嘯而過的景象，和我當年在東京街上所見日本極右分子的「政治結社」重型車隊，以超高播音擾人的霸道行徑，模式完全一樣，不禁意識到我三十七年前在東京所觀察到的隱憂，已經顯現。

在返國的同年十二月二十五日，也就是行憲紀念日的那一天，我和河北省南宮縣的望族劉府紀洪公的長女劉寶瓏小姐在台北市空軍新生社介壽堂結婚。婚禮幸蒙當時的國防部副部長馬紀壯上將蒞臨證婚。

三、派赴美國

民國五十九（一九七〇）年十一月，在虹兒出生後的第九天，我奉派赴美國太平洋陸軍情報學校，擔任我國受訓軍官班的連絡和翻譯。

在出國的當天，我整理好行裝，接送我到機場的車子，開到了家門口，等著我上車啓程。我到二樓臥室去看正在坐月子的內人寶瓏和新生嬰兒，一邊注視著嬰兒一邊說：「車子來了，在門口等著我去機場。」當時寶瓏正站在床邊彎著腰雙手調整躺在床上嬰兒的裹布，回話說：

「你去吧！一路平安。」她禁不住兩眼的淚水滴落在嬰兒的裹布旁邊。我當時感到愕然，於今記憶猶新。

到校受訓的軍官來自亞洲與美國有軍援關係的國家，包括韓國、泰國、高棉、寮國、印尼、菲律賓、中華民國等。

當時的校長是美國陸軍上校班賦詩（E.E Balmforth），他曾在台北擔任過美國駐華大使館的陸軍武官，會說中國話。

有一次，在美國太平洋陸軍總司令來學校視察，向受訓的各國軍官講話離校後，班賦詩校長臨時請我上講台幫他做一次中譯英的口頭翻譯，把他用中國語的演說口譯成英語。五分鐘的講演，他的發音字正腔圓，證明他學中國話確實下過功夫。

事後有位美國軍官問我說，他們校長的中國話標不標準？我對他說很標準；接著我跟他說我擔心我翻譯的英語有詞不達意的地方，他說他都聽懂了。我說那就好了。

這期的受訓軍官踫巧遇上了黃金假期聖誕節和新年，班賦詩校長特別邀請我們中華民國的軍官到他的家去作客，玩些年節遊戲，吃他夫人做的中國菜和美式火雞大餐。

他家的傢俱中，用了一套比較講究的中國式餐桌椅，他的夫人附合著他的興趣，也有對中國事物愛好的傾向，使我們這期受訓的軍官感受到親切和溫馨。

學校曾爲我們這個軍官班簡報美軍在太平洋戰爭時攻克各個重要島嶼的作戰經過。簡報是用沙盤地圖配合槍砲火光聲音加上錄音說明所製成的錄音帶。有多種語言配音，視簡報的對象決定選用語言的種類，這次選用的是中國語簡報錄音帶，有親切感。

記得在簡報琉球（沖繩）戰役時指出，當時美軍是以優勢火力先攻取琉球的較大主要離島後，隨即在海空軍猛烈火力掩護下登陸琉球本島，戰鬥相當激烈，最後日本守軍全面潰敗，被美軍殲滅大半，守軍中將司令官在退到海邊懸崖石洞中切腹自殺，戰鬥宣告結束，只有零星的交火；當美軍在島上升起美國國旗，指揮登陸作戰的美軍中將軍長出現在旗下時，中彈陣亡。成了美軍在太平洋與日軍開戰以來犧牲階級最高的一位將軍。這也許是促使美國政府決定提早在廣島、長崎投擲原子彈的原因之一吧！

在參觀陳列室時，我看到一幅琉球古地圖，我特別注意的仔細察看，那是一幅琉球王國的琉球全國境輿地圖，除琉球本島外還包括所屬列島離島小嶼的位置和名稱，並沒有釣魚臺島；更沒有所謂尖閣列島。

可見有人主張釣魚臺島為琉球的離島屬於日本。若非不明歷史眞相，就是站在日本的利益和立場說話。

記得在學校的受訓軍官廁所洗手間，小便池的旁邊備有厚質的擦乾手用紙，消耗量很大，為了不要浪費，學校在小便池的上方，使用人面對的牆壁上，貼著寫有醒目的勸戒語標示：「One will do, Why take two?」提醒使用者，用一張紙就可以把手擦乾了，何必耗用兩張紙呢？

學校每個月有一天，爲受訓的軍官舉辦慶生會，有一次，在軍官活動大廳中，把當月出生受訓軍官的姓名、出生年月日，打印在紙板上，掛在交誼廳的空中醒目的位置，請大家聚合在一起，切大蛋糕，唱生日快樂歌，目的是表示學校沒有忽略每一位軍官的誕生日，增添在校生活中的溫馨和歡樂。

當我向一位寮國的受訓軍官祝賀他生日快樂時，他卻說：「Make me home sike」引起了他的鄉愁，真是學校意想不到的反響。也是對我們在做事處人上，要從對象或對方的心理和處境去多方面設想，才能夠做的更爲周全的重要啓示。

民國六十一（公元一九七二）年，七月四日至十一月二十日期間，我奉命到國防部情報學校情報正規班十八期去受訓，正是安兒出生後不久，雖然不是遠赴外國，但是須要在學校住宿，每週只有星期六下午和星期日才是假期可以回家。受訓期滿，我以總成績第一名畢業。

四、赴德受訓

民國六十四（公元一九七五）年一月，我晉升上校。同年七月，我在國防部情報學校情報研究班第二期受訓期滿，再次徼幸以總成績第一名畢業，獲得當時參謀總長賴名湯空軍一級上將頒發獎狀一幀。校長張式琦將軍頒發獎牌勗勉。

當年四月五日，先總統蔣公中正逝世，副總統嚴家淦依法繼任。

民國六十七（公元一九七八）年九月，我被遴選參加赴西德深造的考選，地點在台北市石牌當時的國家安全局內舉行；未料考試日前晚豪雨成災，考試仍按預定時日舉行，當天通往士林的街道淹水，深度及腰，車輛不能通行。要參加考試看來已不可能，如果認命，只有放棄，眼看著時間一秒一秒的過去，急促中，我擠上了消防隊在積水街道巡邏救人的橡皮艇，渡過了積水區再乘車趕到了考場，褲腿還是濕濕的就入場考試。

後經評核發佈我被錄取，隨即由當時的國家安全機關保送西德聯邦政府所屬國安相關學校深造。

在留德期間，給我印象很深的是德國人的認眞務實精神，和他們講求其所有產品和一切用品的品質須堅實耐用的風氣。

二次世界大戰結束後，**他們澈悟納粹德國的戰爭罪行，從謝罪到行動的認眞表現，讓受害鄰國及世界都欣然接受。把過去的歷史宿怨化爲彼此的互信。**

當時，德國分裂爲德意志聯邦共和國、及德意志人民共和國兩個主權各自獨立的國家，及爲聯合國託管由美蘇分治的柏林市。是所謂一個德意志兩國三地的分裂狀態。而所看到的是兩國三地的人民都希望有一天能夠統一。

冷戰結束後，他們兩國三地摒棄了意識型態的對立，終於統一爲一個德意志聯邦共和國了。

記得有一天上午，接待所的一位德國男性職員和我在一處建物的陽臺偶遇交談時，看著不遠處馬路上川流不息的各類型汽車疾駛行進，我指著馬路上的行車問他說：「在那些不同類型的行車中，你開的是那一種車？」他看著馬路上的行車一輛一輛的認，忽然指著一輛小型車說：「我開的是那一型的車，那個小型的，夠用就好了。」我當時想，他若是指認一種比較名貴或大一點的自用轎車，我也會相信；他卻指認了一輛小而且廉價的車，說是他開的自用車。他那種誠摯務實不虛矯的面孔，在我腦海中，到現在還留有印象。

自西德返國後，鑒於德國科學教育普及，從其科學博物館內的科學展示內容可以看出，當時國內博物館的現代科學展示內容還相對的比較貧乏；爲了提供國人及政府當局效法參考，我有感而發寫了一篇散文，題名叫「德意志博物館參觀記」，投稿到中華日報副刊，隔一日，即於民國六十八（公元一九七九）年八月四日，全文刊出。並經美國紐約世界日報特選刊載，傳達華人世界。

不料，此一拋磚引玉的寫作，一時間，竟掀起了一陣興建大型科學技術教育博物館的討論。對其後在中南部興建科學教育博物館產生了催生作用。

事後得知，政府在民國六十六（公元一九七七）年八月，公布了十二項建設包括自然科學、工藝科學、海洋博物館的綱要計劃。過了二年還沒有見諸行動，在我這篇有關博物館的散文發表，引發國內外輿論關注、討論醞釀後，於民國六十八年底至六十九年中，經過醞釀成立了博物館考察團出國考察。

到了民國七十年提出了在台中市的公園預定地興建自然科學博物館的第一期工程計劃。再過二年，於民國七十二（公元一九八三）年，第一期的建館工程正式開工。後經二、三、四期工程計劃的實施完工，在經多人多年的努力下，現在臺中市的科學博物館已具相當的規模，達到了一定的國際水平。對國民科學教育，收到了良好的效果。殊感欣慰。

我每次到臺中市，總想去參觀一下科學博物館的成長。沒想到還受到了老年人免費參觀的優待。

民國九十五（公元二〇〇六）年一月十四日，在參加湯元普將軍尊翁學凱老伯的告別喪禮後，我沒有和江哲倫將軍一起隨周仲南上將一行搭乘大型參禮專車即返臺北，留在臺中市去參觀科學博物館。

在新增的「塵蟎」館中，詳細陳列著塵蟎的生長過程，和對人的健康，尤其過敏病的害處，以及防治塵蟎的方法。解說員以陳列的實物用心地講解塵蟎在人們日常家居生活中容易滋生的地方，及防治塵蟎必須注意的事項。

回台北後，我和內人寶瓏說，過去兩個兒子還有兒媳都曾對我說：「舊報紙有塵蟎，經常接觸多年的剪報，容易感染過敏性的疾病。」還建議我不要接觸那些舊剪報了。我總是聽過就算了，雖然上網可查資料，對翻閱舊有剪報，還是捨不得改，也不想改。在台中科學博物館看了塵蟎館的展示後，我現在決定要改了。而且全家的用品陳設和居家環境都要照塵蟎館所展示的防治塵蟎方法去做。

此一改變，讓我領悟到「知難行易」的道理，以前因爲對塵蟎的爲害，知之不夠眞，所以雖知而不去行。現在因爲對塵蟎的爲害，知之甚詳，達到了眞知的程度，所以立刻就付諸行動了。可見做起來容易，先達到眞知是比較難的。

民國六十九（公元一九八〇）年七月，我奉國防部核定爲六十七年度國軍特別保舉最優人員；當時，保舉我的主官是鄧祖謀將軍（現爲備役中將）。並榮獲當時的陸軍總司令郝柏村上將頒發派克牌鋼筆一枝獎勉。

通過一年的指參作業，我於民國六十九（公元一九八〇）年六月，完成三軍大學陸軍指揮參謀學院函授班學業。

民國七十（公元一九八一）年八月，爲了讓在大陸上的中共當局和廣大同胞能對臺海兩岸實行的政治制度所得的成果有個比較，我以「艾中」筆名寫了一篇散文，題名是「台灣的王牌」，投稿到中央日報副刊，承蒙刊載。受到當時執政的中國國民黨黨政中央的重視。

隨即經國防部把這篇散文翻印成簡體字單張，空飄大陸，讓中共中央高層及大陸同胞都可看到，讀後作個比較，有助中共的改革和選擇。對促進其後中共於一九八四年人民公社解體，國營企業改為以營利為主，並行私有化，加速內部民主及容許財產私有制或有激勵催生作用。

民國七十一（公元一九八二）年十二月，我從美國三軍工業大學國家安全班畢業。

民國七十二（一九八三）年五月，三民主義統一中國大同盟推行委員會主任委員何公應欽，邀聘我出任大同盟委員。分擔大同盟計畫委員會委員的工作。

民國七十二（公元一九八三）年七月十六日，岳父劉紀洪先生過世，至感悲痛。告別禮在台北市第二殯儀館的大廳舉行，肅穆隆重；時任蔣經國總統執政的總統府祕書長馬紀壯上將親臨致祭，並題送「痛失廉能」橫輓懸掛在大廳的靈堂中央，家族親友軍中袍澤社會人士多人參予告別式禮，表達哀悼。對撥冗前來悼念的親友袍澤和社會人士劉府家屬和我由衷地表達感謝。

民國七十二（公元一九八三）年十二月，通過補修學分，完成政治作戰學校政治系的大學部學業。

經由時任中華戰略學會研企部部長趙本立將軍（時為備役中將）的引薦，我經常出席該會所舉辦的學術座談活動。民國七十四（公元一九八五）年四月二十八日，中華戰略學會以我熱心贊助該會的會務，依該會的章程規定，由理事長陶希聖、副理事長鄭為元、言百謙、丁中江等先生署名頒發給我該會的永久會員證書。參與該會舉辦的相關學術座談或研究。

記得有位姓吳的黨外人士訪問日本東京，在一次學術座談會中指出，客觀的說，兩蔣在台灣，做了兩件大事：一是發展經濟，不遺餘力，使台灣從戰後窮苦的農村經濟，發展成亞洲四小龍之首的工業經濟；一是發展教育，不遺餘力，使國民教育機會均等，從小學到研究所人人崇尚民主。當國民平均所得超過二千七百美元時，就會要求分享權力，執政的國民黨在心態上，一時間，還沒有調適過來。

五、境外作戰

民國七十四（公元一九八五）年七月，國家安全相關機構大調整、大併編，我奉命任境外單位將級指揮職。在職期間，夙夜匪懈，充實學能，冒險犯難，屢建奇功；一直到民國八十二（公元一九九三）年十一月一日，奉命卸下軍職戎肩，除役退休。

先後獲頒忠勤、陸光、寶星、景風、弼亮、金甌、莒光等勳獎章一十三座，及獎狀、獎牌等多件。並在日本亞細亞大學獎學金贊助下，完成了我的大學院法律學碩士、博士學業。結束了從十七歲投筆從軍入伍，至六十二歲卸去軍職戎肩除役退休的四十五年軍人生活。

回想軍職戎生中，長官、部屬、同儕給予我的幫助實在很多，常存感謝；尤其對境外作

戰期間和我一起冒險犯難，出生入死，為國家為人民犧牲奉獻的每一位袍澤志士更是由衷地感念。

要不是韓瑞雲上校主動推薦我參加國防部參謀本部擴編甄選考試，我不太可能進入國安相關機構，也就無從發揮我的志趣。直接有效地從事實現祖父期待我捍衛國家的深意。

若非馮興備將軍提示我應充實法律知識和法律學素養，我在其後的境外作戰中，成就可能會受到一些限制。

感謝張式琦將軍（備役中將）報請國防部核定派遣我遠赴境外，參予冷戰期間中華民國與盟邦美國間的軍事合作任務，增強了我的專業基礎；對其後我的工作發展，有深遠影響。

記得我抵達中美軍事合作前進基地任所的那一天是當月的十五日，當時依兩國的協議中方出人美方出錢，所以我的薪金全部由美方負擔。在我接受歡迎加入工作後，美方的代表立即將一個未封口的紙封，裡面裝著準備好給我的一個月薪金美元現金連同領據送到我的面前，請我簽名收領。我當時立即向美方代表說，我到任晚了將近半個月，願意只領半個月的薪金，剩餘的半個月薪金美元現金，請不要給我。

美方代表感到意外，有點訝異的說，這是準備好給你的，你簽名收下就好了。我微笑著向他說，謝謝好意，我認為我還是只該領半個月的薪金，說著我用雙手點數了半個月薪金的美元現金收下，在領據上簽了名，把剩餘的那半個月薪金的美元現金退還給美方代表。他見我堅持，而且初次見面，尊重我的決定，不便勉強。

後來，雙方都很熟了，在工作之餘交談中，他告訴我他的上級曾追問他，爲什麼我到任當月只領半個月的薪金？他向他的上級回報說，是因中方的我自認爲「NO reason to get the whole month pay」。他的上級對我到任第一天做了與一般不同的選擇，留下了深刻的印象。

要是沒有鄧祖謀將軍（備役中將）保薦我參加赴德受訓甄選考試，我不可能赴德受訓深造，從而增長工作上的潛能與條件。

如不是張健人將軍（備役中將）報請國防部核定派我再赴境外，我的志趣和潛力，不一定能夠得到發揮。

很有幸得到一位國安前輩和夫人的多方教益與熱心協助，我在工作上，得到的助益很大；衷心感念。

盧光義將軍（備役中將）治軍嚴厲，指揮卓越，最能使其所掌管的人才和裝備發揮相乘的效用；對我在境外作戰，助益甚大。

此外，最爲銘感不忘的是曾任旅日僑選立法委員楊作洲博士和夫人梁金麗女士的熱心協助，亞細亞大學大學院法律學科委員會委員長清瀨信次郎博士、西侯昭雄教授的熱心指導，及佐藤司教授的熱忱勉勵，日本國際法學權威教授大平善梧博士的教誨啓導。

而影響我生活行爲最大的，除祖父的期待，國父孫中山先生的遺囑以外，要算是私塾老

師王景川先生教我要牢牢切記：成年後爲人做事一定要有負責任的心，「不負責任，是社會的第一等罪人。」及在私塾中強調的「吾日三省吾身」和「不遷怒，不貳過」的教言。使我眞是受用不盡。

因他的嚴格要求，我把他教的「東萊博議」、「論說精華」等著作，背的很熟；對我其後參加「講演」、「辯論」比賽時，每次都被評選爲第一名，有很大的助力。

感念到復興崗政工幹部學校要求學生爲了救國救民的革命事業，要「刻苦、耐勞、忍辱、負重」，不斷充實學能，力行正道的人格養成教育和誠實校風，是使我在長達四十五年的軍人生涯考驗中，保國衛民的赤忱，百折不懈，始終如一的根基。

回想在境外作戰中，我能夠微幸或說有幸久戰常勝，實得力於我把諸葛武侯「謹慎、勇敢、靈活、盡瘁」的行事典範，和「孫子兵法」十三篇的兵聖教則，時刻牢記在心，力行實踐所致。因爲「兵者，國之大事，死生之地，存亡之道，不可不察也。」用兵作戰，必須戒慎，稍一疏忽，即會誤事。此點個人心得，願供後來者分享切記。

翻閱已經過了四十七年的老舊贈言簿，令我感到有趣勵志且受益的一件事，是我任步兵訓練團連指導員時，和我同連朝夕相處的連幹事（大學畢業預備軍官）潘進修少尉服役期滿退伍離營前夕，寫給我的留念贈言。他在贈言紀念簿上這樣寫著：

國垣指導員惠存：

您

待人也！誠

律已也！嚴

處世也！和

您說：

「天下都是好人」

誠如斯，即非聖賢亦不遠矣！

幹事不才，願效之法之！

潘進修　四十八年七月七日

此生中，記憶最深的，是在結婚後，孩子相繼出生，當時軍人待遇微薄，內人寶瓏不能專任母職，憑著她在銘傳商專所學專長，繼續在一家貿易公司上班，貼補家用，雇用媬母看顧嬰兒；懷第二胎時，除例假日外，每天中午利用短暫午休時間，從公司所在地南京西路大老遠冒著炎暑挺著大肚子擠搭公車趕回通化街住所，察看一下僅一歲大的虹兒，立刻急急忙忙趕回公司上班，實在辛苦。

遇到娤母因故事先請假或更換找不到合適的娤母時，寶瓏曾先後把孩子送到住在北投的岳家劉府請五嬸看顧，及送到先住屏東後遷到台北樹林的公婆那裡請孩子的奶奶看顧。在娤母臨時因事不能來照顧孩子時，時間倉促，寶瓏更得臨機應變，立刻請人幫忙照顧；**多虧住在巷內熱心助人的長輩世交張恬伯伯和夫人張媽媽侯國薌女士的關愛，得以把孩子送去看顧，解除燃眉之急。這種不時發生的情況，一直到孩子上學，內人和我感念至深。**

其後在我派赴國外，或出任務時，都是母兼父職，使我無後顧之憂，專心致力於工作任務之達成。我能夠實現祖父對我的期待，寶瓏的貢獻，可說是厥功至偉；她不僅是做到了一位軍人妻子的相夫教子，展現出來的偉大母愛，更讓我由衷地認識到女性的可敬。

六、照片選憶

毛敬希將軍（左起二）作者張國垣（右起二）美國陸軍代表任乃聖上校（右起一）

美國太平洋陸軍情校校長班賦詩上校（左起二）作者張國垣（左起一）白先義中校（右起二）

結婚成家　中為岳父劉紀洪先生

當時國防部副部長馬紀壯上將證婚用印

喜宴中親友敬酒祝賀　高中同學郭應傑（右一）袍澤摯友周仲南（右二）大妹鴻英（中右）弟國耀（中左）作者夫婦（左一二）

新郎（作者張國垣）偕新娘（劉寶瓏小姐）下樓赴喜宴大廳會場時合影

祖孫三代合影

岳父劉紀洪先生（中）內弟寶琰夫婦（左坐一二）作者夫婦（右坐一二）內弟寶璟（後排左）姨妹瑩（後排右）

岳父劉紀洪先生（中）三舅母（左起三）五舅母（右起三）

前副參謀總長俞柏生上將主持情校情報研究班畢業典禮頒獎

國防部獎狀　情獎字第0386號

查張國垣係情報學校
情報研究班第二期畢業
成績第一名特頒
給獎狀以示獎勵
此狀

參謀總長
空軍一級上將　賴名湯

中華民國六十四年五月九日

國軍特別保舉最優人員榮譽章

美國太平洋陸軍總司令蒞情校向各國軍官講話時攝　校長班賦詩上校（右起一）劉仙根上校（右起二）作者張國垣（右起三）

韓國前國家領導人任陸軍少將時訪華抵達營區作者張國垣趨前迎接時攝

參觀國安工作事蹟展後合影　故蔣緯國上將（左起六）作者張國垣（右起三）

參加國安教育觀摩合影　故童劍南少將（前排右起六）作者張國垣（前排右起七）

故總統蔣經國先生與國安幹部聚餐離場時攝　作者張國垣（左起三）

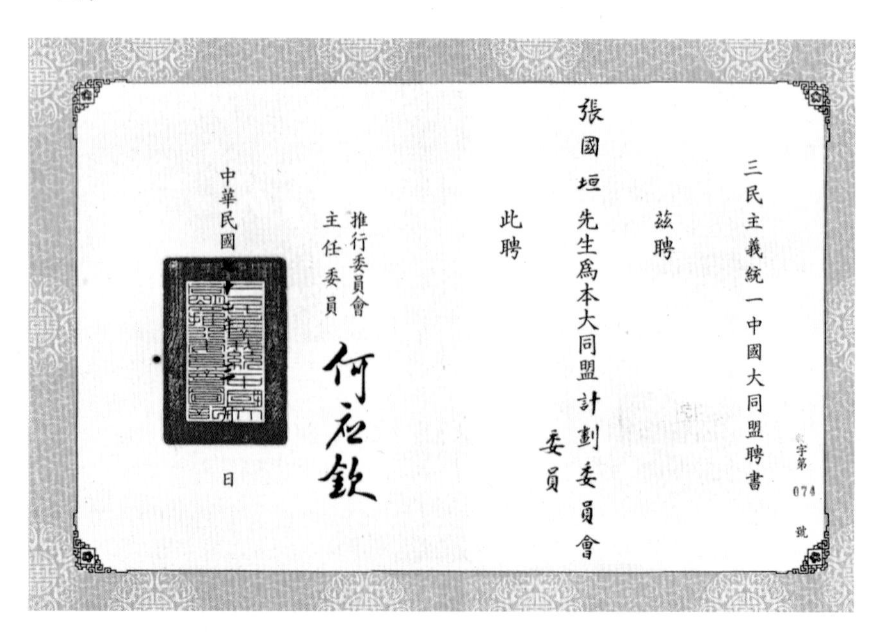

三民主義統一中國大同盟聘書

字第 074 號

茲聘

張國垣 先生爲本大同盟計劃委員會委員

此聘

推行委員會主任委員 何應欽

中華民國　日

作者張國垣獲頒勳獎章中的一部分

弼亮　　莒光　　金甌
景風　　忠勤　　國光

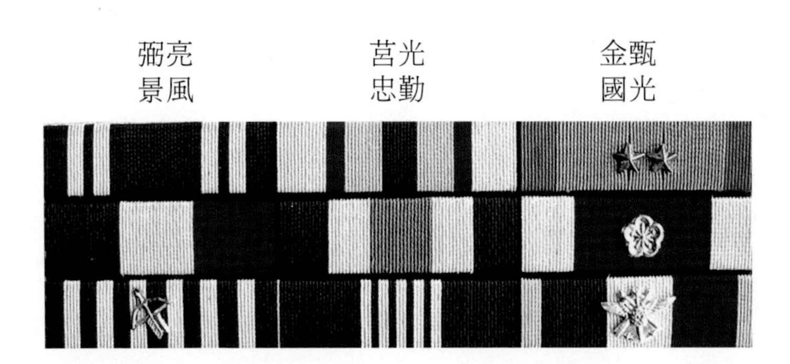

日本亞細亞大學校園與獎學金

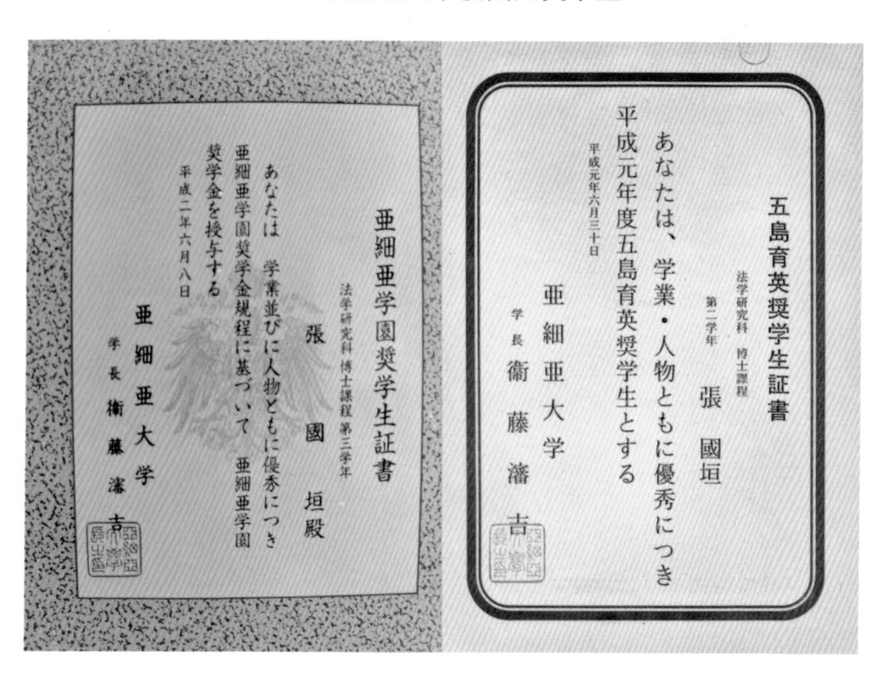

五島育英奨学生証書

法学研究科 博士課程
第二学年 張 國垣

あなたは、学業・人物ともに優秀につき
平成元年度五島育英奨学生とする

平成元年六月三十日

亜細亜大学
学長 衞藤瀋吉

亜細亜学園奨学生証書

法学研究科 博士課程 第三学年
張 國 垣殿

あなたは 学業並びに人物ともに優秀につき
亜細亜学園奨学金規程に基づいて 亜細亜学園
奨学金を授与する

平成二年六月八日

亜細亜大学
学長 衞藤瀋吉

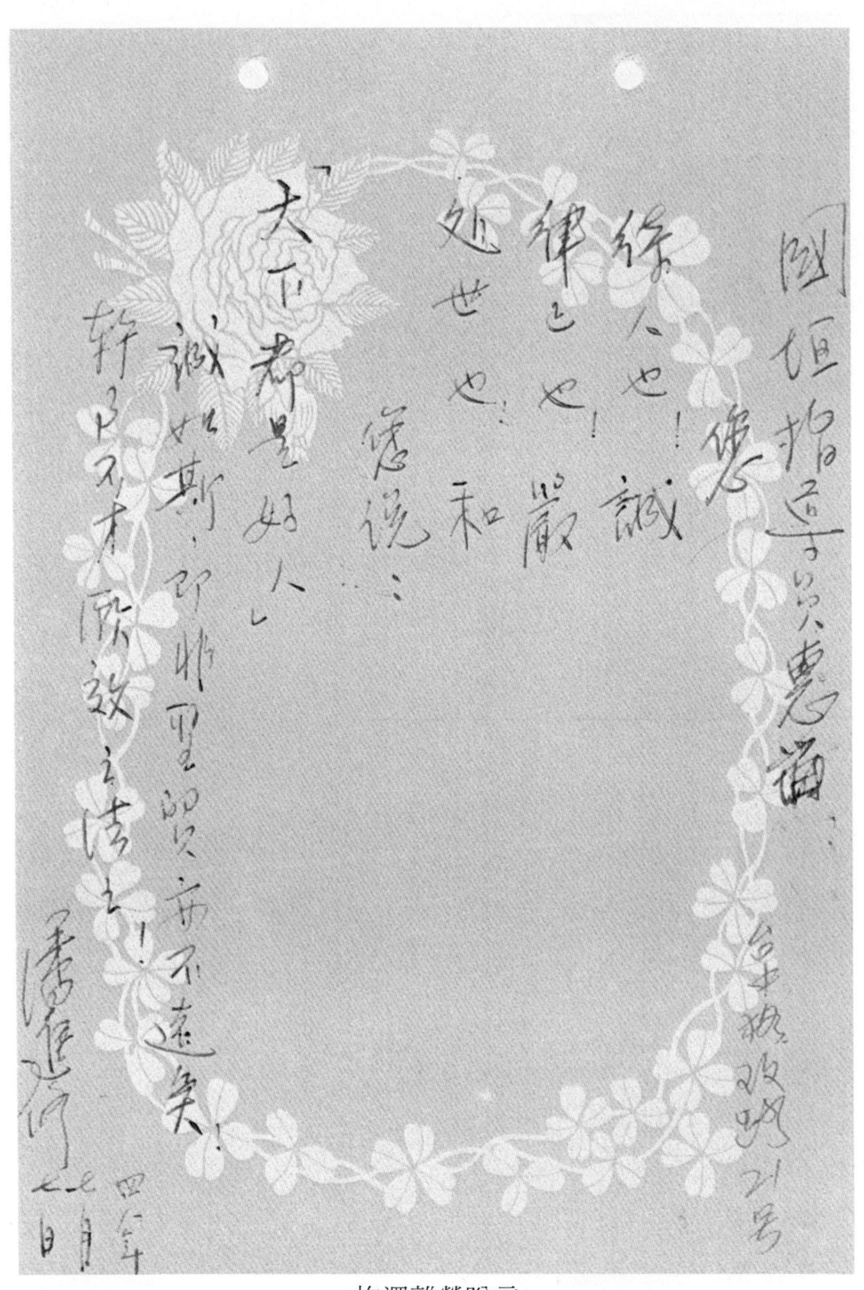

國恒指導員惠鑒：

係人也！誠
律己也！嚴
延世也！和
常說：
「天下都是好人」
識如斯，即非聖賢，亦不遠矣！
幹部不才所致之情之！

潘進何
四八年七月七日

台中[illegible]攻略21号

袍澤離營贈言

民國 40（1951）年，我三伯父鴻惠公在大陸壯烈成仁入祠圓山忠烈祠、是國軍為保衛台灣在大陸殉國的第一位將軍。

中庭

正殿

右殿烈士祠

中華文化的政治理想

忠烈祠大門裡面

第四章　卸下戎肩

一、自由自在

我在除役退休以後，最大的改變，是結束了長達四十五年個人自由受限制的軍人生活型態，得以自由自在地過著退休的生活。那種輕鬆的感受強度難以形容，只有當事人我自己才能體會。

首先到美國、加拿大、澳大利亞各地去旅遊觀光。接箸趕在三峽大壩工程長江截流前，千年古蹟尚未被壩水淹沒的關鍵時，作了一次歷史性的長江三峽觀光旅遊。

到美加第一次旅遊，是由三妹夫博倫和三妹殿英及外甥佳恩三個人輪流開車歷時近一個月完成的。

爲了免於過長飛行時間的機上勞頓，博倫和殿英夫婦帶著我的外甥佳恩特地先從美國東南部的佛羅里達州的蘇拉少達市，開車到中西部的科羅拉多州的丹佛市摯友倪恩家，等著迎接我軍職退休後到美國的長途旅行。

在我陪侍母親由台北搭機經洛杉磯轉機抵達丹佛（DENVER）的機場，一出關就看到博倫一家三人在招手，見面後特別高興。

倪恩和夫婿黎博士是虔誠的基督徒，由台灣來美留學，學成後留在美國就業。一對鰈鶼情深的年輕伉儷，待人十分親切，讓我有賓至如歸的感覺。

在丹佛停留了二天，到洛磯山脈在美國境內的山岳景點去欣賞高山叢林的清幽之美；丹佛的氣候，秋高氣爽，與華北的氣候相似。

第三天，我們辭別倪府乘坐由博倫駕駛牽附著伸縮屋的旅行車，沿著25號州道向北行進。先經過維奧敏（wyo）州，再北行到蒙特納（MONT）州，沿90號州際快速道路至布梯（Bute）轉89號公路經美國和加拿大的邊境班不（Bab）檢查站進入加拿大的卑詩省（ALBERTA）。

沿2號公路至卡爾葛瑞（Cargray），再經1號公路到班恩府（Banff），抵達最後觀光勝地冰河口與路易士湖（Lake Louise）。

在路易士湖區停留了二天，回程沿24號公路經加拿大和美國邊境甘草（sweetgrass）檢查站入境美國蒙特納（MONT）州，再沿15號州際快速道至愛德華（IDAHO）州，猶他（UTAH）州，沿途有開車二小時，道路兩側一眼望去都是荒地的景象。

在鹽湖城小憩後，繼續向東南行進，入新墨西哥（N.M.）州，過阿馬瑞勞（AmarilIO）

市，沿287號公路東南行，至德克薩斯（TEXAS）州，往東南行，道路兩旁到處可見產油的設施。

過了德拉斯（DALLAS）市，沿45號州際快速道南下抵休士敦（HOUSTON）市。沿10號州際快速道東行，至路易斯安納（LA）州，續東行至密西西比（MISS）州，再東行，入阿拉巴馬（ALA）州，再東行，入佛羅里達（FLOR1DA）州，再轉沿75號州快速道，過潭泊（Tampa）市，南行，抵蘇拉少達（Saraso ta）地區博倫的家。

在旅程中所見，各州的特色都不相同，我們在位於跨越愛德華州與維奧敏州的國家級黃色公園（YELLOWSTONE NATIONAL PARK）裡，停留了三天，對那個每隔三十分鐘自動從地下噴出約二十多公尺高度地熱水柱的自然景象，印像深刻。第三天早上大雪紛飛，離開公園經過下坡轉彎路段時，開車特別的小心。

在猶他州山地部落公園，看到了古時印第安族在深大峽谷懸崖絕壁上的穴居防禦居所，可說是巧奪天工。更爲引人注目的是猶他州一處太古時期所留下有十五公尺高，約四十公尺寬的天然紅崖石大穹窿，還有雙弧形的，讓人驚嘆大自然的奧祕和偉大。

遊加拿大班恩府觀光區的冰河口和魯易士湖時，我和博倫、佳恩三人跟隨著導遊、從湖畔的魯易士大飯店（HOtel LOuise）出發，沿著湖東側的小路向北行，走約二百公尺開始爬登往冰河口的山路，攀登約三十多分鐘到達一休憩處，在一小木屋中，有咖啡供應，助遊客取暖；嚮導仰頭面北指著高遠處那幾十公尺厚的白色積雪說：「那就是冰河口。」轉頭面朝南向下看，山腳下碧綠的魯易士湖就在眼前。

回程下山抵湖邊時，看見一個有條紋的松鼠在石頭上兩隻前腳捧著食物像童子拜觀音似地吃著十分可愛。嚮導向遊客說，「不要打擾它，不要太接近湖邊，湖水很深冷度超高，靠近有危險。」大家順著原路回到了湖畔的旅館。不約而同地說：「這裡的空氣真乾淨，景色美極了！」

在回程經密西西比州時，明顯地感到氣候溫暖和猶他州等中北部的寒冷天氣大不相同。途中旅行車的輪胎爆了兩次，換了兩個新的輪胎，平安愉快地完成了近一個月的長途旅行。幸好，三妹夫博倫身體健壯，喜好旅遊、做教師暑期有可用的暑假時間，才能有如此妥善美好的安排。後來又有幾次在美加不同路線的旅遊安排，也都是由博倫和殿英輪流開車完成的。

美加旅遊返台後，在長江三峽大壩工程完成截流前，我參加旅遊團先到昆明，看過了億萬年前陸地在水底時形成的石林後，再到重慶乘旅遊長江的遊覽船南下，經酆都鬼城、石寶寨、白帝城、瞿塘峽、巫峽、夔門峽、張飛廟、三峽大壩截流工程現場，南下宜昌、武漢返台。

遊程中峽谷懸崖上的古時棧道和神女峰，印象深刻；高峽深谷、懸崖絕壁、急流險灘、奇峰秀巒的奇、偉、險、秀，嘆爲觀止。白帝城劉備托孤更發人猛省，獲得深切的啓示。

旅遊歸來，生活簡樸恬淡，除練寫毛筆大字，閱讀書報雜誌，就是做些健身運動。早晨和內人在附近的山徑健行，自得其樂。隨心寫了一首題爲「偕妻晨行」的打油詩稿，姑記如下：

山徑蜿蜒穿林蔭，徜徉其間健身心；
昨午泳池雙游水，今晨山徑牽手行；
鳥語氣鮮景幽美，與天合一喜泰平。

軍官外語學校英文正規班第十二期畢業四十五週年時，由經營電子科技事業有成的丁永詳學長伉儷作東，劉靖亞、房金嶺、葉昌齡、魏漢等學長發起，高永錫學長策辦，在台北市祥福餐廳舉行紀念餐宴聚會，有多年不見的叢成凱學長從美國舊金山回來參加，在國內住的多攜夫人一同出席。同學們畢業後，各自發展，皆有所成。過了將近半個世紀，還能夠健康相聚，倍感喜悅。

回想當年畢業前後，對對都是俊男美女，於今皆成祖字輩的翁男熟女了。丁學長在致紀念詞時，念了一首他有感而作的仿古詩，遺憾我當時沒有能記錄下來，卻引起了我想用詩表達感想的靈感，寫了一首「畢業紀念餐會」七言打油詩稿，姑記如下：

四十五載同學情，今日歡聚更溫馨；

昔懷中美橋樑志，明有花東旅遊行。

翌晨，民國九十五（公元二〇〇六）年六月二十七日，參加花東旅遊團的同學一行十九人，由高永錫學長安排，自台北車站搭往花蓮的觀光列車開始花東三日遊的旅程。

第一晚住在怡園渡假村，適逢暑假旅遊旺季，遊客甚多。第二天先到國立東華大學校區參觀，那是一所在巍峨的中央山脈腳下，佔地面積相當大的新興大學，我們只是開車進入校區，從外表上作了一趟戶外參觀，從已完成的部分行政、教學和教授專用宿舍硬體建物看來，可以預見在逐步完成規劃後，是一所具有很好的學術研究環境的大學。

下午遊太魯閣國家公園，跟著嚮導沿著太魯閣入口新建大橋的右側通往仙人谷上游的峽壁上所闢建類似棧道的人行步道，往峽谷深山裏的五間屋前進，仰看棧道對面巍峨峻山的峽谷絕壁，在地殼板塊撞擊時所造成的摩擦痕跡，俯視峽谷河床上呈現的各樣巨大奇石，真是神斧天工，目不暇給；惜因午後山區雷雨，棧道上沿滴下的雨水加大，棧道路面上積水也增多，策辦的學長慮及旅行安全，請嚮導停止前進，一行返回旅行車上；經新闢的隧道轉太魯閣九曲洞觀光道路往花東縱谷南行。

沿途參觀卑南文化遺址發現地，濕地植物生態區，原住民文物區，晚宿台東市那魯灣大飯店。

第三天，由濱海公路北返，沿途參觀三仙臺，八仙洞，山峰站觀山覽海，經花蓮搭觀光列車返回台北。圓滿結束景物風光和西部有很大不同的花東旅遊。回到家趁著記憶猶新，寫下了二首「花東遊」打油詩稿，姑記如下：

七　言

同窗偕眷人十九，共乘客車花東遊；
海線風光景奇美，左山右海隧洞幽。

五　言

花東縱谷去，沿山濱海回；
蜿蜒登峰頂，更覺旅遊味。

二、尋根祭祖

過了二年，牽著內人寶瓏的手，一起回到我離別了五十年之久的故鄉——晉城縣西部村去探視親友，尋根祭祖。可惜「景物變貌人事非」。

在親族中，除了六叔鴻憲公因年高不能深談，八叔林夢公遠居外地未有見到，及國光大哥、大嫂、國經、國緯堂弟外，其餘多為我離開老家後出生，從未見過面的堂弟；國生堂弟見到了我，還未開口就眼淚直流，哭不成聲，訴說著我二伯在世時，叮囑他總要有一天能見到在遠方的我。

國生是二娘在二伯五十二歲時才生下的兒子。不幸，在國生十五歲那年，二伯因營養不良過世。國生可說是一個一無所有的少年孩子，從受盡了折磨困苦中，一一的熬了過來。

他說在中共實施改革開放後，他把握住了機會，全力搞運輸，見面時已是有房有地有運輸工具一輛大卡車的主人，和二個孫子的爺爺了。

在敘說到三伯鴻惠公在民國四十（公元一九五一）年六月十九日殉難的經過時，他說：

那天，烏雲低垂，三伯鴻惠公和他的四個部屬牛文燦等五人，被武裝的共黨幹部綁赴晉城縣西部村郊區農場，分兩排前排二人後排三人，押跪地上，三伯鴻惠公居後排中位；開槍前，共幹命三伯的胞兄二伯鴻志公當場趨前附耳向三伯勸說：「老三，他們要我勸你，現在是最後機會再想一想，只要你肯合作，號召你的部下放下武器，停止抵抗，人民政府保證既往不究，對你會優待重用。」三伯對二伯回話說「各為其主」四個字後閉目不語。共幹見威脅、利誘、親情都沒有用，下令開槍，五人應聲倒地；並不准收屍。後來，二伯托了一位遠親中的一位共產黨員為三伯收屍掩埋。

就這樣，抗戰時期，在太行山區，使日本軍如芒刺在背的一代抗日名將，竟因對國家發展所持理念路線的認知及效忠的政體與共黨不同，而壯烈成仁。

聽了國生堂弟所訴說五十年前的往事，我對國生的能由極貧中富起來的過程和成就，及三伯的忠義參天的浩氣和執著，不禁肅然起敬。

對證三伯鴻惠公殉國的時間，正是當年國民政府爲了保衛台灣，號召留在大陸上的武裝力量加強活動，牽制共軍攻打台灣，中共大力清除國軍內應武力的激烈內戰時期。**可說是爲保衛台灣最早在大陸壯烈成仁的第一位將軍**。

往者已矣，對錯現在已很明白，歷史的悲劇，是當時的無知所造成，往事悲情已煙消雲散，不必計較，重要的是劫難不要重演。

在大哥新建的二層現代宅院中，兄弟們圍桌飲茶傾訴一陣離情後，由國賓堂弟帶路去察看我家被沒收充公的祖傳宅院的現在狀況。

我家那座明代興建的二進大宅院，磚石結構骨架仍堅實完好，木質窗門廊柱樓欄部份，因年久失修，外觀老舊；正門二樓屋簷下所掛著的那面寫有「氣吐風雲」金字藍底金框的大匾額不見了。宅院第一進的前院堂屋二樓走廊正門上方懸掛的一塊大匾額也沒有了。

走進二進的後院，正面的堂屋，兩側的東屋、西屋、及東北和西北兩個角屋，除木質花格部份外表老舊外，磚石結構骨架部分還很完整。因爲整座宅院已是分配給別人家居住，我和內人由堂弟們陪同只好在院子裡看看，我指著二進院的南屋，告訴堂弟和內人說，我小時候就住這個屋裡。

再由通道石階走入偏院去看，我離家當時的馬廄、長工住的地方、碾米場、磨麵坊、磨高粱漿屋、養豬圈、及偏院大門二樓窗門裡邊兩側頂上，當年爲了自衛放置手榴彈的位置，我都一一的指給堂弟和內人說明。因爲堂弟們出生時，我家的宅院早已被沒收不是我家所有了。

走出偏院大門，到鄰院以前二伯住過的方宅去看，那是座「一進二院」的兩層樓宅院，座北朝南，進到院裡就看到正北面的兩層堂屋，和位於堂屋兩旁的西北和東北兩個角屋，及位於西側並排的兩個西屋，和東側並排的兩個東屋；在院子的中線有道東西橫向的半身高度的矮牆，把院子區隔成前院和後院，在矮牆的中段，留設著進出前院和後院的無門通口，東西橫向的兩段矮牆上都放置了盆花。南屋是上下二層都有走廊的建築，廊柱欄杆的木質花雕，老舊褪色，但還完整。

我指著二樓對堂弟和內人說，樓上臨街的窗口，是我童年時用跳起來的方式，偷看日本兵在村子裡街道口，暫時停留時的情況和活動的潛望窗口。

接著，到我家宅院西側門斜對面的張家祠堂去看，門口的大迎壁還在，祠堂大門上方懸掛的那面寫有「進士」金色大字的藍底金框巨大匾額不見了。

祠堂是一座面積大的長方形二階段大院，座北朝南；正堂是供設祖先靈位的地方，在正堂的兩側各設角屋。

在正堂前建有無壁的議事大廳，廳的東西兩側有角院，院壁上有石雕山水詩畫，廳柱石雕還很堅實完整。可惜西角院壁上鑲嵌的那幅竹節中隱含詩句的石雕作品被人盜挖走了！廳內早先所立的建祠紀事石碑不見了。

大廳是用來供族人議事和看戲用的。廳前有「一進和二進」二階段大院，大院南方是二層建築的戲台，祖先和家族長輩，可以通過大廳看戲臺上的演戲。大廳直前連接的二進後段大院的兩側是兩排東西廊型側屋，我指著西側廊房向內人和陪我的堂弟們說，我小時候一度曾在那間廊房裡讀過書。後段大院的地面較前段大院的地面略高，二院間以二層的石階梯作爲區分。

在前段大院的東西兩側，設有兩排門窗木質花格和後段廊房不同的廊房。前段大院的正南方、是一座兩層的戲臺建築，我向內人和堂弟們解說，記得初建好時，戲臺上有「出將」、「入相」兩個演戲門，雕樑畫棟，十分輝煌。可惜我見到的是一座把戲台用磚頭改裝爲住屋使用的破舊房屋。

在戲台建築的東西兩側，各有角屋，和戲台的下層屋相通。抗戰期間，我家的釀酒坊就設在這列屋裡。我在抗戰時，曾親眼見當時維持會的人帶領著一個日本兵到這個酒坊來，用他隨身的水壺灌滿了白乾酒，高興地不給錢揚長而去。

這座祠堂在我家遭清算鬥爭沒收財產後，也被沒收作人民公社使用。

中共改革開放，揚棄共產教條，容許私有制度和改採市場機制的資本主義作法後，村民的活力得以發揮，已有能力自建新屋；這座年久失修祠堂的舊屋，多已空著，只有西北角屋還住了一家。祠堂的正門封閉著，我們是從東北角院的側門進出的。

依我的記憶推計，這座祠堂是在民國二十四（公元一九三五）年，七七事變前二年興建完成的。

離開了祠堂，國賔堂弟又帶路領著我們去看祖墳，到了墳地看到的是一塊長了農作物的農田；石碑、石檯和皇天、后土等原先就有的墓地設施都沒有了。只見到在農田中有一個圓狀形的土堆，國賔指著那個土堆說，那就是祖父的墓，其餘的墓都被剷除為平地，種上農作物了。

留著墳地中祖父墓的圓形土堆，是為了便於識別墳地的位置，和在墳地農作物下面所埋葬的先人們的墓穴位置。他指著地上一個點說那塊地的下面是三伯和三娘的墓穴，又指著另一點說那塊地的下面是二伯和二娘的墓穴位置。

墳地現在是分配給別人所有，地上長的綠油油的農苗已有十多公分高；為免踩壞別人的農苗，我牽著內人的手，站在田埂邊地和堂弟們面向祖先的墓堆，恭恭敬敬地行了三個鞠躬禮。

然後，轉身向南面看，我指著距墳地約五十公尺處，一條東西橫向的道路南側方面的一大片土地向內人和堂弟們說，那片土地以前是屬我們家所有的。

說話的同時，我童年時在田裡所見我家的長工們收割麥子時，把一堆一堆割倒的小麥用

長柄五指叉收到車上裝運，村中的一些婦女在麥田中檢拾裝運檢收過程中掉落下的零散小麥的拾穗景像，彷佛又重現眼前。

在家鄉停留的時間很短，和堂弟們短暫見面就要離開，想起了剛開放大陸探親時，大妹鴻英和妹夫盛通返鄉探視大哥的那一次，所帶回來國賔堂弟看過我給鴻英妹畫的那張老家村中景物關係位置草圖後，寫給我的一首詩，我一直沒有回覆，那首詩這樣寫著：

半張素描昔日景，不言不語滿腹情；
東壁圖書儲兄意，西園翰墨表弟心。

在離開說再見之前，我總想提筆回覆，卻因行程要趕時間，沒有寫成。特於此時把當時想寫的「返鄉感懷」回覆國賔堂弟，記述如下：

年少外出老年歸，景物變貌人事非；
劫變苦難訴不盡，否極泰來幸春回。

在大陸各地，看到的是經過劫難後的醒悟、更生、和重建復興的轉型景象，也聽到一些不能適應轉型人的抱怨，看來，是必然會有的常事；基本上，人人奮發，對未來充滿希望和信心。

回到台北，目睹當時的執政當權者李登輝總統驕奢自大，目無憲法，操縱黑金，玩弄民粹，挑戰兩岸關係的穩定發展，製造兩岸緊張，引使對岸飛彈演習，導致人心惶惶，連花東

鄉下農民百姓也加入向外移民的浪潮，走上顛沛流離的艱苦道路。不禁憂心國是，寫了一首仿「滿江紅」的打油詩稿，姑記如下，詩云：

憂憤滿懷，站山巔，漂漂雲散。
挺胸膛，望海興嘆，衷心關切。
五十寒暑劍與筆，萬里江山風和雪。
勿猶豫，隨俗任浮沉，招浩劫。
同胞苦，尙待解，報國心，怎可歇。
敲警鐘，喚起良心自覺。
醒衆儆悟莫造孽，去污除魔安家園。
發宏願，匡救大危難，回春天。

民國八十四（公元一九九五）年四月十六日，我在台北市中華基督教行道會士林教會承恩堂，經張國耀牧師爲我施禮受洗決志信奉主耶蘇基督爲我的救主，正式信仰基督教，離開世俗憂心，感到極大歡喜。

在這裡我特別對上帝的慈愛和耶蘇基督的恩惠，聖靈保惠師的感動，作「神愛世人」虔誠的感恩見証。

民國九十五（公元二〇〇六）年九月，接到國賔堂弟從晉城來信說其父我的六叔鴻憲公去世，用七言句這樣寫著：

九月初一那一天，高堂談笑儘開顏。
初二七時二十分，壽終正寢魂歸天。
彩棚笙蕭祭嚴父，爺爺墳頭永長眠。
高齡歸天正常事，萬望兄嫂別掛念。
家常理義一席話，就此擱筆日後言。

令我驚訝的是一個在「無產階文化大革命」動亂時期成長的農民，能用正體字七言打油詩方式敘述往事，流暢而清晰，感受到兩岸目前存在的簡體字與正體字的不便，並不是十分難解的問題。

民國九十四（公元二〇〇五）年三月十九曰，內人寶瓏的堂弟寶瑋在俱樂部游泳池泳道頭水中站着交談時面帶微笑中傾倒休克，經急救送醫不治。我失去一位經常在一起游泳健身的泳伴，一位祖誠相見的親人，社會失去一位有貢獻的英才。我頓感「天道無常」，驚訝不已。

寶瑋堂內弟從美國新罕布夏大學取得遺傳學博士回國後，在輔仁大學任生物系主任的七年任期內，銳意創新，延聘國外學者，廣開課程，擴展學生視野，爲生物學之研發及生命科學系成功轉型、奠基。卸任後，從事生科創新事業，宏圖大展，在台北、泰國、和北京等地經營事業有成，同時擔任三個公司總裁。主動向母校輔仁大學捐獻百萬獎學金，嘉惠學生。

榮獲美國「名人雜誌」頒發傑出成就獎。並獲選爲「輔仁大學傑出校友」。爲人行事平實謙和，說話應對不疾不徐；事親至孝，友愛弟妹，助人而不欲人知，爲青年人效法的範式。惜在事業鼎盛向上之時，無徵候地微笑著遽然而去，親人摯友一時間難以適應。其夫人沈康芬女士沈穩堅强，抑悲接受。我不揣簡陋，寫了一首七言「誄堂內弟寶瑋詩」表達懷思，姑記如下：

美善人生似彩虹，生科領域創殊榮；
作育英才誨不倦，捐獎學金惠學生；
學能致用蕃茄業，暢銷國際聲譽宏；
遺澤多人結善緣，嘉祐子孫益昌隆。

三、從事公益

民國八十四（公元一九九五）年十一月，我應中華民國國軍眷村福利促進會名譽理事長，即前警備總司令周仲南上將之邀，出任該福利促進會的祕書長，理事長是王易謙將軍（時爲備役中將）。

這是鑒於當時的國軍退除役官兵和眷屬已淪爲被當政者漠視的弱勢族群，其法定的合法權益，受到公權力的有意漠視和侵害；爲了維護袍澤的合法權益與伸張正義而成立的一個社團組織；由急公好義熱心公益的將校所組成。

其組織置理事二十七人，成立理事會，選出常務理事九人，選任一人爲理事長；置監事九人，成立監事會，選出一人爲常務監事；同時選置侯補理事九人，侯補監事三人。得由理事會聘請名譽理事長一人及副理事長二人，名譽理事、顧問各若干人。置秘書長一人，承理事長之命，處理會務。會務運作，依會之章程行之。

當時因李登輝當權執政的國民黨心態老大，不把軍人、榮眷的問題放在眼裡，在野的民進黨，心胸狹窄，一貫採取對軍人、軍眷、榮民、榮眷的否定態度，以致國軍眷村的老舊眷舍沒有改建；現役軍人、軍眷、退役的榮民、榮眷、未獲分配眷舍者，其應有分配眷舍之權益，未獲關心；單身無眷在台老榮民遺產要被充公；民國五十一年前退役自謀生活老兵未獲照顧補償等，都顯示對軍人、榮民的冷漠無情，薄仁寡義，很不公平。

朝野兩大黨無視軍人是全天候爲保國家、衛鄉土直接以生命作奉獻的全民族群，老榮民是在台灣危險困難時期「一無所求，一無所有」的把青春獻給防衛台灣安全的功臣。致昔日尊稱的「當代聖人」竟淪落爲被奚落、漠視的弱勢族群。

這在世界列強和文明國家是絕對不會發生的。因爲軍隊的地位士氣是戰力的決定因素，否則，購買再好的武器裝備，也是徒增浪費公帑而已。

所以國軍眷村福利促進會，是一超黨派的社團，本著「先天下之憂而憂，後天下之樂而樂」的仁心，站在軍人、軍眷、榮民、榮眷的立場，向政府反映問題，提供建議，謀求解決問題。

其宗旨爲落實政府發展社區政策，爭取軍人軍眷、榮民榮眷的合法權益，提昇眷居生活品質，促進社會的和諧進步。並以捍衛中華民國，貫澈統一綱領爲任務。

面對朝野兩大黨有意漠視弱勢權益的客觀現實，只有以社團的法人組織，號召並團結廣大的軍人軍眷、榮民榮眷，依法去維護和爭取。於是，首先依法定程序將組織更名爲社團法人中華民國榮民、軍人、暨眷屬福利促進會（簡稱榮軍眷福進會）報經內政部核准立案。進行促進有關維護和爭取權益之政策性立法。

接著敦請當時熱心扶助軍、榮、眷弱勢的新黨全体立法委員，及國民黨中大多數有良心正義的委員，和無黨籍立法委員，在立法院提案立法。先後完成立法的重要法案列述如下：

促案時間　民國八十四（公元一九九五）年十月

促立案目　促進單身軍人榮民遺產設立榮民榮眷基金會管理，嘉惠榮民榮眷之立法案

促案經過　爲搶救單身亡故軍人榮民遺產不被充公，「榮軍眷福進會」於民國八十五年二月二日，在臺北市國父紀念館舉行會員代表大會中，通過將上列法案建議政府研採。會後由名譽理事長周仲南上將特別邀請陳癸淼、郁慕明二位立法委員懇談，敦請新黨全体立法委員鼎助。並於二月十六日，分別致函劉松藩院長、陳、郁、郝（龍斌）、謝（啓大）、朱（鳳芝）、等多位立法委員、及行政院、退輔會，請對以上所列立法案鼎力支持，皆獲專函回覆。

最後在饒穎奇、林郁方、姚立明等委員協調下，終以台灣地區與大陸地區人民關係條例第二十八條修正案之案名列案審議，於民國八十五年七月二日夜三審通過，完成立法。

並已成立基金會運作，正式開花結果。首先辦理從基金孳息中核發榮民子女助學金、獎學金、及榮民、遺眷中風、癌病患者可年領二至五萬元之慰問金。繼而強化服務運作。

促案時間　民國八十四年十月

促立案目　促進「國軍老舊眷村改建條例」立法案

促案經過　民國八十四年十二月二十日，上列條例在立法院滯審未過，經繼續與相關立法委員連繫陳情，敦請立法院儘速審議通過。並在榮民相關的社團組織的合力促進下，終於民國八十五年一月十二日，經立法院會三讀通過，完成立法。

促案時間　民國八十五年九月

促立案目　促進修訂「國軍老舊眷村改建條例施行細則草案」下列相關條文：

一、老舊眷村改建工程不得拖延太久，應明定五年內完成(細則草案第十一條修訂條文)。

結果：經行政院核定九年計畫完成，達到明定完成期限之要求。

二、眷村改建多餘戶房屋優先分配有眷未配舍退除役榮民榮眷及現役常備役軍人眷屬(細則草案第二條修訂條文)。

結果：國防部對未配舍榮民榮眷優先配屋之要求，未作採納措施；但對未配舍現役常備役軍人已默默採行優先分配。

三、老舊眷村有四分之三以上眷戶不同意改建者，免於改建。其於民國六十五年以後整建完成之眷村者，得專案依法辦理（細則草案第二十條修訂條文）。

結果：本條已經採納完成修訂。合於本條規定要件的眷村，可據以專案依法辦理。

四、老舊眷村原眷戶及配偶均亡者，其子女亦享有承受與計畫核定後均亡者的子女同樣之承購房屋和貸款權（補救眷改條例第五條之缺失）。

結果：本項要求經立法委員郁慕明、郝龍斌、二位委員於民國八十五年九月向行政院提出緊急質詢（詳見立法院八十五年九月二十一日印發議案關係文書），要求國防部以從眷戶使用權角度及照顧榮民之精神從寬認定的辦法，補救眷改條例第五條之缺失，經國防部採納（85、10、11、（85）龍服第一〇一一一號函復）。

促案時間　民國八十五年七月

促立案目　促進對早期僅支「三個月薪資」退伍自謀生活榮民作合理補償，及民國五十九年七月前退除役官士現金給與補償之立法案

促立經過　爲維護低階榮民權益，於民國八十五年二月二日在台北市國父紀念館舉行會員代表大會中，通過建議政府立法爲早期僅發「三個月薪資」退伍自謀生活榮民作合理補償。爲此，再次懇請陳癸淼、郁慕明二位立法委員協助，敦請新黨全體立法委員鼎助。並以會函致行政院、國防部、立法院劉松藩院長等請大力支持。嗣經因發生民國五十九年前退除役官士之現金給與補償問題，郝龍斌立法委員乃向國防部提出書面質詢，建議一併解決。繼有國新兩黨合力，王天競等委員所提民國五十九年七月前，三十八年以後退除役軍人現金給與補償法案之提列議程，終於一併在民國八十七年十月十三日，經立法院三讀通過，完成立法。

促案時間　民國八十四年十一月

促立案目　促進死難忠烈軍（公教）亡故公職人員在台依法核定保留撫卹給付（兩岸人民關係條例第二十六條之一）修訂條文之立法。

促立經過　死難忠烈（軍公教）亡故公職人員在台依法核定保留撫卹給付者，其在大陸遺族之受卹權益，行政院（國防部、陸委會）、考試院（銓敘部）、監察院（審計部）、司法院（各級法院）、皆認定應予發給。**卻因上列增修條文在立法院無限期擱置，致五院面對人民陳情、訴願、而束手無策。**爲了因應遺族陳情人訴求，於民國八十六年三月七日以會函陳情立法院，嚴詞重責三黨立法委員懈怠立法、虧欠忠烈，並以電話用緊迫盯人的方式，向立法委員逐一懇托支持後，各黨派立委乃競先審議此一單條法案，出力的委員很多，很快在一個月內於同年四月十八日，經立法院激烈爭辯，作了六次表決，終於三讀通過，完成立法（當時在場民進黨立法委員全部投反對票）。

以上所述榮民、軍人、和眷屬及死難忠烈亡故軍公教人員遺族的撫卹權益法案，在促請

行政院陸委會擬訂修訂兩岸人民關係條例立法提案，及敦促立法院進行審議完成立法的過程中，所遭遇到的諸多困難和阻力，非身歷其事者，難以想像。

所幸，在「榮軍眷福利促進會」的創辦人、理事長、暨全體理、監事和義工袍澤，百折不撓的努力下，終使難度極大的問題，獲得成功。爲榮民、軍人暨眷屬，乃至數十萬社會的弱勢大衆（公教人員遺族）伸張了遲來而有限度的公義，維護了重要的權益；也協助當時政府五院解除了其多年無法爲民解決的問題沉痾。

欣見老舊眷村，已變成現代化公寓社區，死難忠烈軍公教亡故人員遺族撫卹給付，已經可依法領取；生者受惠，亡者得安，是我在參予從事公益事業中感到喜樂的大事。

此事讓我體悟到若不是周仲南上將邀我到「榮民、軍人暨眷屬福利促進會」去參予公益，有機會發揮所長，我之前僅憑個人公義熱忱和兩位摯友三人連署向當時執政黨政機關以掛號郵致陳請書，呼請立法維護並開放在台灣依法核定死難忠烈亡故軍公教人員大陸遺族依法保留的撫卹給付陳情案，如石沈大海不見回覆的挫折，及幾十萬遺族的撫卹給付權益，不可能獲得遲來的維護。而公義、權益是要靠有廣大民眾背景的社團法人組織才能獲得維護的。

民國八十四（公元一九九五）年二月，見報載司法院司法改革委員會第二小組就訴訟審級制度作成結論，即：在刑事訴訟部分，刑事第二審採事後審原則，並兼採事實審；在民事訴訟部分，改採事實審限於第一審，第二審改爲法律審。

此項「改革結論」若付諸實施，依我鑽研中外法律的心得，及退休後義務輔助弱勢民眾訴訟的實際體驗和觀察，可以預見民苦民怨將會因此項「改革」更爲加重。特撰寫「司法改革不應犧牲民眾權益」一文，經中國時報於同月九日在「時論廣場」刊載。文中結語指出：

鑒於「事實審改採限於第一審」之小組結論，與實際狀況脫節甚大，及當前司法問題之核心，在於執法者的品德操守、辦案精神、任事熱忱、和才智能力之提高，而非對現行事實審級制度之變革，司法應爲民眾權利之維護而存在，不應使民眾權利爲司法業務之方便承受犧牲。否則，豈非開「民主」、「法治」倒車。尚請司法改革委員會各位委員三思而行。

在本文刊出三日後，報載當時司法院長施啓揚先生即就本文所作批評建議作出回應，指示該院司法改革委員會對其第二組所作「事實審限於第一審」之結論再加硏議。

接著，我接到中國時報來的謝函．對我在該報發表上述文章表示謝意。並以電話向我洽詢，有讀者在閱讀上文後向該報詢問如何向我連繫請教，可不可以把我的電話轉告給那位讀者，我本著一貫的助人立場，立即回話說「可以」，同意報社把我的連繫電話轉告給那位需要幫助想和我連繫的人。

後來，那位受到公權力不公不義不平壓制的受害人，見到了我。在我瞭解其案情後，先幫助其解決了急需面對的壓制，進而輔導其循法律途徑逐步維護其權益。事後，那位受害者，對我十分感激，我以「生性樂於扶弱助人，能對遇到難處的人，出點小力，感到欣慰；請不必掛在心上。」爲由，婉辭其對我致謝。

反躬自省，在四十五年軍職生涯中，我的有些作爲，對己身現實利益而言，看似不夠練達圓融，不知隨波逐流，或不合時宜，其實我心知肚明，有所不爲；實在是深受儒家「春秋大義」教養，及孟子「雖千萬人吾往矣」，介之推不言祿，陶淵明不爲五斗米折腰的流風所影響的自然表現而已。也是對文天祥所說「讀聖賢書所學何事，爾今爾後庶幾無愧」的師法實踐罷了。沒有什麼得失可言。

隨即寫了一首打油詩稿；詩云：

生逢國難外族侵，少懷保國衛民心；
四十五載肩軍職，屢建奇功立殊勳；
一十三座勳奬章，最優楷模榮譽銘；
欣見國興民勤奮，唯願世人享太平；
耳順二年卸戎肩，恬淡豁達常歡欣。

四、照片選憶

蘇拉少答市教會院區

德國巴伐利亞郡王宮

亞特蘭大石頭山頂

德國巴伐利亞王宮

石頭山公園

作者夫婦遊舊金山

作者陪侍母親合影

作者張國垣和三妹殿英及妹夫 Conrad Chinyee 家兒女陪侍母親遊加拿大冰河口魯易士湖合影

作者在加拿大抱束麥穗解鄉愁

作者遊美加國立公園

作者夫婦在貝里斯潛浮場攝

作者夫婦遊舊金山碼頭

作者遊美國黃石公園

作者陪侍母親遊洛磯山風景區

作者夫婦在林肯紀念堂內合影

作者夫婦遊華府國會區

作者夫婦中間為張秀珍女士

歐洲小鎮

作者夫婦遊尼加拉瓜大瀑布

作者夫婦在波士頓大教堂前合影

著紅衣者為為姨妹劉堃

作者家人遊紐西蘭

休旅車內自烹樂

右起作者大妹鴻英、母親、三妹殿英、愛妻寶瓏在喬治亞洲山區湖邊合影

作者愛妻和姪女怡芬在澳洲

寶瓏侍母遊南達柯他州須莫山合影

德國巴伐利亞王宮

作者夫婦遊舊金山碼頭

奈良古寺

日本東京　御苑

皇居前廣場

迪士奈樂園

大阪城

皇居二重橋

上野公園

東京賞櫻花

橫濱塔禽鳥館

景點

作者夫婦遊新加坡和印尼巴潭島　中正機場啓程

印尼巴潭島

獅頭港灣

星印航道上船靠的小島

景點

作者張國垣出生的房屋

我三伯母八十壽照

荒廢的張家祠堂

在作者的大哥家門口照

在作者大哥大嫂家院子裡合影

作者在堂弟國生家院子裡合影

在農村作者侄兒家照

平瑤古城

太原晉祠

放堂弟國經養的鴿飛回家

豫北雲台山

洛陽龍門石窟

再也看不到的長江三峽奇偉景觀
（在三峽大壩工程截流前攝）

豫北雲台山

（三）美國探親賀喜慶

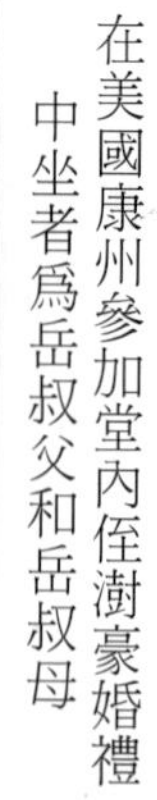

在美國康州參加堂內侄澍豪婚禮
中坐者爲岳叔父和岳叔母

主婚人堂內弟劉實瑋伉儷
（二排右起五、四）

岳叔母八十大壽時合影
中左爲岳叔父劉紀奉先生
舊金山

後排右爲堂連襟明深　前排中爲內人堂妹寶玲、堂弟媳康芬

在美國佛州參加外甥佳恩婚禮主婚人三妹夫 Conrad Chinyee

站在母親背後的是內人寶瓏（左）大妹鴻英（中）三妹殿英（右）

（四）寶島旅遊

陪博倫殿英遊太魯閣①

②

①軍官外語學校英12期畢業44週年於國立東華大學前合影留念（民國95/6/28）

②前排左房盧碧清、張獻苓、賈瑩卿、劉寶瓏、曹瑞芬、林梅枝、余林瑞菊、曾愛美

後排左朱樂文、魏　漢、朱本榮、丁永詳、劉靖亞、房金嶺、叢成凱、高永錫、張國垣、余肇洋、葉昌齡

我和內人不同歲月的影像

虹兒二歲時照

安兒小學畢業時照

岳父家祖孫三代合影

爲了相識　我和內人寶瓏互寄的第一張照片

享年九十七歲的岳伯父劉紫劍將軍七十八大壽時馬紀壯上將偕夫人親臨祝嘏　作者張國垣（右起四站立著領帶者）

作者夫婦遊桂林陽朔合影

第五章　領悟未來

一、戰爭浩劫有不確定性

從我七十五年來歷經日本帝國對外侵略、中國對日抗戰、太平洋戰爭、二次世界大戰、國共內戰、美蘇冷戰的經驗，及對韓戰、越戰、伊拉克戰爭的觀察，人民遭受戰爭劫難的主要原因，都是由於當時的當政掌權者的權慾妄想，短視近利，和錯誤政策，及人民的盲從無知所造成。

深入檢驗戰爭發生和結束的關鍵原因事證，和當前國內外的現實狀況，未來如何可知半矣。析列如次。

十九世紀末期，日本帝國自明治維新以後，師法歐美科技文明有成，國民生活及軍隊裝備訓練皆現代化，當政掌權者對內藉暗殺奪權，對外藉侵略建功，軍紀淪喪，已成軍國主義。比當時封閉積弱的中國，在國力和戰力上，有懸殊的優勢。掌權的軍閥為滿足其向外擴張的權慾野心，決定了對外侵略的侵華政策。

先是趁列強侵略中國之際，於清王朝時，以公元一八九四年的甲午戰爭，迫簽馬關條約，武力割據台灣。

到了民國時期，趁著列強英美法蘇無暇東顧，於民國二十（公元一九三一）年九月十八日，派其關東軍侵佔中國東北四省，挾持遜帝溥儀，以獨立爲名，建立僞滿州國傀儡政權。爲了不容中國漸趨統一，走向復興，於民國二十六（公元一九三七）年七月七日，又藉故製造蘆溝橋事變，進軍河北省宛平縣，自稱三個月可以亡華，引爆了中國的全面抗戰。

此時，中華民國軍事委員會蔣介石委員長洞察其謀，一面增兵河北省與之對抗；一面集結大軍在淞滬開闢戰場，誘迫日軍分兵在南方上海對戰。淞滬之役，舉世矚目，激戰結果，粉碎了日本「三個月可以亡華」的妄想。

日軍進入南京城後，對老弱婦孺進行反人性的大屠殺，慘絕人寰，震驚世界，中國的全面對日抗戰真正開始。日本軍閥企圖用大屠殺挫滅中國人民抗日信心的政策，適得其反。

鑒於淞滬會戰，日軍陸海空軍現代化武器裝備盡出，參戰的國軍部隊火力不敵，奮勇力拼，消耗六成，及京滬工商業中心淪陷的現實，蔣委員長除於之前，曾以「敵乎！友乎！」書面聲明，正告日本當政掌權者，理性思考戰爭後果，停止侵華，否則兩敗俱傷，兩國人民遭殃後，特於胡適大使赴美到任後，電請美國出面召集有關國家進行調解，美國白宮立即以「調解時期未到」推辭。

蔣委員長在權衡敵我條件和利害輕重後，明告全國民衆，敵強我弱，絕不可孤注一擲。中國獨立對日作戰，不僅是中國的存亡問題，而將是和世界人類的禍福相關。

決心以應戰而不決戰的原則，發揮我國地廣人多的條件，以空間換取時間，堅持「抗戰到底」的持久戰略，使侵華日軍深陷在中國遼闊的戰爭泥淖，無底深淵，直到其敗亡的一天。

果然，日本帝國的當政掌權者，權慾薰心，侵略成癮，殘暴成性，無力反省；迷信其大和魂武力之優越，目光短淺，自不量力，在其駐美大使向美國務卿致送最後通牒前一小時，偷襲美國海軍基地珍珠港，重創美國海軍；引致美國於一九四一年九月八日對日宣戰，太平洋戰爭爆發。

中國抗日的持久戰略成功了，浴血抗戰八年，有了盟友，於同月九日對日宣戰。從此，中日兩國間過去所訂一切條約、協定、合同、有關涉及中日關係者，包括馬關條約，一律廢止，恢復到訂約前的狀態。同時，宣佈與德、意兩國立於戰爭地位，一切條約、協定、合同、有關涉及中德、中意關係者，一律廢止。

同年，亦即民國三十年至三十一（公元一九四二）年一月，第二、三次長沙會戰，國軍大勝，日軍死傷被俘達十三萬人，震驚世界，美英蘇等列強對日本扶植汪精衛在南京成立之傀儡政府不予承認。

民國三十一（公元一九四二）年春，日軍進攻緬甸，仰光告急，蔣委員長應英國的請求，派遣三個軍的兵力，赴緬甸與英軍併肩對抗日軍，防衛緬甸。並爲美國空軍飛機空襲日本本土，提供浙江的基地支援回航，正式開啓中美陸空協同作戰行動。

同年四月二十二日，紐約時報刊出蔣夫人所寫「如是我觀」一文，提到外國在華持有領事裁判權等特權。促使中國與美、英兩國協商廢除不平等條約的迅速發展。

同年雙十節前夕，美英兩國致送中國有關廢除不平等條約通告，此一自動放棄在中國治外法權之通告，爲國父孫中山先生革命以來畢生奮鬥之最大目的，終於達成。

廢除不平等條約，使中國自鴉片戰爭以來喪失的自由、平等國際地位，得以恢復；一年後（公元一九四三年十一月）開羅會議，使中國自甲午戰爭以來喪失的領土、主權，得到盟國的領袖承諾予以恢復。

民國三十二（公元一九四三）年十二月一日，美、英、中三國在埃及發表了開羅會議宣言：「我三大盟國此次進行戰爭之目的：在於制止及懲罰日本之侵略，三國不爲自己圖利，亦無拓展領土之意圖。

三國之宗旨：在剝奪日本從一九一四年第一次世界大戰開始後，在太平洋上奪得或佔領之一切島嶼；在使日本所竊取中國之領土，例如東北四省、台灣、澎湖島等，歸還中華民國；其他日本以武力或貪慾所攫取之土地，亦務將日軍驅逐出境。

我三大盟國稔知朝鮮人民所受之奴隸待遇，決定在相當時間，使朝鮮獨立。根據以上所認爲之各項目標。並與其他對日本作戰之聯合國目標一致。

我三大盟國將堅忍進行其重大而長期的戰爭，以獲得日本無條件投降。」

羅斯福總統於同年耶誕節前夕發表談話說：

「邱吉爾首相及余、與蔣委員長在「開羅會議」共處四日。余得機會與蔣委員長當面討論複雜之遠東問題、尙屬首次。吾人不僅解決具體軍事計畫；且曾商討影響遠大之原則。此等原則皆簡單而基本，其中包括被刼之財產歸還應得之主人；承認遠東億萬人民有樹立其本身的政府方式之權利；使日本永遠不得成爲侵略之潛在勢力，乃太平洋及世界其他部分和平與安全之必要條件。」

不幸，民國三十四（公元一九四五）年二月十一日，**美國羅斯福總統、英國邱吉爾首相，爲了早日結束對日戰爭，在雅爾達與蘇聯史達林元帥祕密會議，**會中史達林藉機要求恢復帝俄時代侵略中國所得權利爲其對日宣戰的條件，**美、英二國竟不惜出賣中國權益，與蘇聯簽下祕密協定，**允諾於戰爭結束後，蘇聯得恢復在大連港的優越利益及租借旅順爲海軍基地，中長鐵路及南滿鐵路由中俄共管並促使中國允許外蒙古獨立自治；蘇聯則同意於德國投降及歐戰結束後二至三月內加入同盟國對日宣戰，並願與中國政府訂立〈中蘇友好同盟條約〉以武力援助中國擊敗日本的侵略。

我國對此一密約，事前毫無所悉，事後始由美國駐華大使赫爾利將協定條款通知我國政府，希望我國政府直接與蘇聯進行交涉。我國政府獲悉後，至爲痛憤，爲維持戰時同盟國之團結，及遠東的和平與安全，對沒有我中華民國參加的協定，在法律上自可不受協定的約束，但事實上，美國的對蘇和對華政策，在中蘇談判中的影響很大。

而此一雅爾達祕密協定，事後發展，種下了蘇聯在日本投降前三天宣布參戰，就取得在中國東北之特權，及助長國共擴大內戰，爲中國大陸淪入共產世界的主因之一。麥克阿瑟將軍總結形容這些造成中國大陸淪入共產世界的錯誤，是上世紀美國外交最嚴重的錯誤。

公元一九四五年，七月二十六日，美、中、英三國以三國領袖名義，從波茨坦向全世界與日本發表聯合公告，蘇聯於八月八日對日宣戰也加入「波茨坦宣言」行列，宣言全文要點如次：

一、余等美國總統、中華民國主席及大不列顛總理大臣，代表余等數億國民，經協商後關於給予日本國以結束此次戰爭機會之事，意見一致。

二、美利堅合眾國、大英帝國及中華民國之龐大陸海空軍，準備予日本國最後打擊。此項軍事力量，由聯合國全體決心支持與激勵，決對日本遂行戰爭，迄至該國停止抵抗爲止。

三、余等主張將無責任感的軍國主義驅出世界以前，即不能產生和平、安全及正義的新秩序。故凡欺騙日本國民，使其征服世界之舉，冒犯此種過失之權力及勢力，必須永遠予以芟除。

四、「開羅宣言」之條款，必將履行。日本之主權，應以本州、北海道、九州、四國及余等決定之諸小島爲限。

五、余等要求日本國政府，立即宣布全日本國軍隊無條件投降，且關於日本政府對此行動之誠意，應提供充分之保障。

除上述外，日本國之選擇，僅餘迅速而完全的毀滅而已。

接著，八月六日，美國軍機在廣島投下第一枚原子彈，死亡七萬八千一五〇人，受傷失蹤五萬一千四百八十人。九日，第二枚原子彈在長崎投下，死亡二萬三千七五三人，受傷四萬三千人。房屋夷爲廢墟。

八月十五日，日本天皇裕仁御前會議決定，接受波茨坦宣言，向盟國無條件投降。陸軍大臣阿南大將等切腹自殺。日本軍閥發動戰爭時，泯滅人性，殺人盈野，八年後惡貫滿盈，終以自殺了結。

日本恃強凌弱，自甲午戰爭起，在華暴行，罄竹難書，僅以公元一九三七年的「南京大屠殺」，「重慶大轟炸」和侵華期間令人髮指的「石井七三一生化部隊」拿活人體做細菌試驗及細菌戰而言，就是不可寬恕的罪行了。

而蔣中正主席於同年八月十五日，在重慶對全國軍民及世界人士發表廣播演說中說：我中國同胞們須知「不念舊惡」及「與人爲善」爲我民族傳統至高至貴的德性。我們一貫聲言：

只認日本黷武的軍閥爲敵，不以日本人民爲敵。今天敵軍已被我們盟邦共同打倒了。我們當然要嚴密責成他忠實執行所有的投降條款；但我們不要報復，更不可對敵國無辜的人民加以侮辱。我們只有對他們爲他的納粹軍閥所愚弄，所驅迫而表示憐憫，使他們能自拔於錯誤與罪惡。

要知道：如果以暴行答復敵人從前的暴行；以奴辱來答復他們從前錯誤的優越感，則冤冤相報，永無終止；絕不是我仁義之師的目的。

當時，侵略中國的日本將領，聽到中國政府蔣主席這段廣播，慚愧得無地自容，日本戰俘和僑民則感激涕零。

一夕之間，天大的仇恨化成了寬恕和仁義。一百二十四萬多日本戰俘，和七十七萬多日本僑民，沒遭到中國受害人民的報復和奴辱。反而，受到了盡快克服運輪困難，把他們平安地遣送回日本的優遇。

戰後，日本雖行民主，但未如德國一樣澈底悔悟，否定其納粹的所爲。一直沒有爲其軍國主義侵略罪行作澈底悔悟，反爲參拜有甲級戰犯在內的靖國神社，與受侵害之亞洲鄰國、詭辯不休。

於今，日本國民歷經戰爭的一代，多已隨著六十多年的時光過去了；戰後出生的一代，沒經歷過戰爭的痛苦，只知道戰時被原子彈轟炸，戰後受國際的限制，是個不正常的國家，軍國主義思想又趨活躍。

誠如日本學者山田正行博士所說：二次大戰時，大日本帝國對國外的侵略戰爭對國內的統治鎮壓，都凌駕於納粹德國之上。以日本戰後有關戰爭責任、教科書及參拜靖國神社等詭辯爭議爲例，是荒謬至極的一派胡言，也是軍國主義復活的徵兆。慰安婦行爲是一種要讓她們認爲自己既卑微又低劣，從而失去抵抗力氣的作戰方式，也就是「污名化」。（山田、教育學博士，參加慶祝抗戰六十周年論壇時發言）。

二〇〇五年十月，小泉內閣藉向國會議員答詢方式，制定了一份有關戰犯問題答辯書，要點爲：所謂甲乙丙級戰犯，是國際法庭審理判刑的，不是日本國內法所認定，所以日本在法理上根本沒有所謂戰爭犯罪者。藉此文書公告日本對靖國神社祭祀戰犯的合法性與合理性。間接說明閣員去參拜靖國神社並不違法。但自知是理虧硬拗，用內部答詢低調進行，不致引起國際注意。因若對外公開否定日本有戰爭犯罪者，即否定其二次大戰時侵華襲美爲禍亞太的戰爭罪行和責任，爲國際所不許；低調行之，或可倖免國際和受害國之注意。

日本首相小泉參拜有二次大戰甲級戰犯在內的靖國神社，爲受侵害國家所反對，引起國際不滿，是軍國主義復活的象徵。但台灣的獨派政客李登輝之流不但不予反對，還批評韓國和中國大陸不該反對；並組團去參拜。可說是無知失格又無恥。

新加坡前總理吳作棟批評小泉參拜靖國神社的行爲時說，小泉應知首相參拜祀有二次大戰甲級戰犯在內的靖國神社，不只是日本的國內問題，也是國際的問題。

日本前首相中曾根康弘，於公元二〇〇六年二月，批評日本正在當權的首相小泉純一郎的參拜靖國神社作爲時說，小泉應該把有戰爭責任者遷出靖國神社爲天皇營造參拜神社的環境，不是自己去做不利日本國際環境，引起受害鄰國反對，具有爭議的參拜。

於是，日本前首相橋本龍太郎聯同中曾根康弘、海部俊樹、宮澤喜一等五位前首相聯署向當權的小泉首相建議，應客觀看待過去日本侵略的歷史事實，不要去參拜祀有二次大戰甲級戰犯在內的靖國神社，以改善日本的國際處境。

但是小泉於公元二〇〇六年三月，答復國會議員質詢時仍說，他不懂外國爲何反對他參拜靖國神社，難道向爲國犧牲者參拜，有那麼的不堪嗎？裝著一副不解的詭辯。

及至公元二〇〇六年七月，日本宮內廳發布從前宮內廳長官富田朝彥的遺物筆記所載「昭和天皇語錄」中，發現昭和天皇於戰後曾八度參拜靖國神社，但自公元一九七八年靖國神社合祀甲級戰犯之後，就不再去參拜的原因，是昭和對合祀造成日本大浩劫的甲級戰犯不悅，才停止去參拜。在天皇語錄中記載著公元一九八八年四月二十八日，昭和天皇說：「靖國神社的筑波宮司處理合祀問題很慎重，但是換上松平慶民宮內大臣的長子松平永芳擔任宮司之後，他完全不瞭解他父親愛好和平的想法，隨即決定合祀。所以從那之後，就不再去靖國參拜，那是我的信念。」在同年四月二十九日昭和生日記者會後，昭和對富田表示，在被問到對戰爭的感想時，我一心想表現出厭惡戰爭的心情。

對於此一發布，**日本首相小泉**於七月二十日說，昭和天皇對合祀甲級戰犯不去參拜靖國神社的信念，對他不生影響，他將繼續去參拜。內閣官房長官安倍晉三表示他將堅持原來的主張，繼續向爲國犧牲者祈福。小泉並在八月十五日，日本投降日，**違逆已故裕仁及在位的明仁二位天皇對往昔錯誤的悔意，參拜靖國神社**。日本政論家福田和也在所著「日本歷代首相評價」中，對小泉首相的評價，只給了他「二十九分」，可說是公道自在人心。

公元二〇〇六年八月一日，日本「月刊現代」雜誌，刊登了靖國神社合祀的甲級戰犯日本前外相東鄉茂德的孫子東鄉和彥在訪問時表示，不希望繼任的日本首相去參拜靖國神社。建議繼任的日本首相應要公開宣布「暫時停止」參拜靖國神社，並對參拜行爲自我約束。

並說，日本與中國大陸及亞洲各國的摩擦日益深化，他認爲那些爲日本犧牲的人，並不希望看到這樣的日本形象。他建議小泉首相的繼任人宣布暫時停止參拜靖國神社，以後繼任的首相們也應該堅持此一政策。在暫時停止參拜期間，日本政府應從靖國神社展示戰時武器等物品的「遊就館」中，把肯定日本侵略戰爭觀點的展示物撤出，使變成一個單純的追悼場所。

不禁想起美國羅斯福總統公元一九四三年十二月在耶誕節前夕發表談話所說：「使日本永遠不得成爲侵略之潛在勢力，乃太平洋及世界其他部分和平與安全之必要條件。」更憶及

美、英、中、蘇波茨坦宣言中所說：「余等主張將無責任感的軍國主義驅出世界以前，即不能產生和平、安全及正義的新秩序。故凡欺騙日本國民，使其征服世界之舉，冒犯此種過失之權力及勢力，必須永遠予以芟除。」

美國名史學家戴德華戰時在其所著「美國在新太平洋」一書中曾說：「日本人在中國大陸無位不佔，從國家最高位者，到販夫走卒，計程司機，鐵路職員，煙毒販子和妓院老鴇，一一佔滿。日本人不治理，只佔據；不課稅，只沒收；不妥協，只恐嚇；不尊重本土文化，只一味將他們自己的神祕拉圾強行灌進文化水平比他們高的人們的喉嚨裡。」

近年來，日本極右派看透李登輝在日本據台時期即曾棄祖改名「岩里政男」的媚日心態和私慾野望，利用李登輝曾做日本人現是台灣政界領導人的特殊身分和舊皇民的失格言行，扮演幫助日本極右派在日本鼓吹復活被多數日本國民唾棄的軍國主義的棋子角色。

公元二〇〇六（民國九十五）年，日本軍國主義復活，日本右派分子在東京遊行，台獨社團參加，舉著寫有「今日的沖繩（琉球）就是明日的台灣」的標語，明言台灣獨立是爲了使台灣像琉球（沖繩）一樣爲日本併呑。當政掌權的陳水扁等台獨人士爲了自利，執意與日本軍國主義分子呼應，合演終統、制憲、台灣獨立。**完全不顧台獨不僅是一條不合法、不合理、不合情、不合現實、不合經濟發展需要，沒有未來的毀滅之路，更是造成社會內部混亂的根源；**只爲他陳水扁一己、一黨、一時的利益，硬要盲目撞壁，臨淵瞎闖，做不計人民死活後果，與不負責任挑啓戰爭的罪行。

他們無視美國把當時同盟國與聯合國授權其託管的琉球（沖繩）交給日本，是美日兩個大國私相授受犧牲弱小交易利益的結果，當時完全罔顧琉球（沖繩）人民要求自由獨立願望的**歷史事實**；及公元二〇〇四年七月十三日，琉球（沖繩）的喜納昌吉當選了日本國會第二十屆參議員後，發表他代表沖繩（琉球）人民「致力反戰運動，追求沖繩（琉球）獨立」。爭取成爲聯合國保護地的主張之**現實狀況**；又不知反省**台獨主張是建立在對「舊金山和約」斷章取意的謊言編織的論述基礎上，經不起檢驗的妄言**。竟鼓吹在併吞琉球（沖繩）後，想要藉由台獨併吞台灣的侵略妄想。不僅是緣木求魚，更是極端自利的表現。

從台獨人士把「中國豬趕出台灣」的口號中不禁憶及日本據台期間，其外務相陸奧宗光**提出統治台灣的三原則**：第一要威壓島民。第二、要由台灣驅逐、減少支那（中國）民族。**第三、要獎勵我（日本）國民遷往**。及日本政治教育名人福澤諭吉主張「應該以兵力進行殺**無赦的掃蕩，枯其葉，絕其根**，消滅一切醜類。土地等盡皆沒收。」的狂暴心態，和在「霧**社事件」、「苗粟事件」**、「雲林斗六事件」「噍吧年事件」等抗日事件中，日軍大肆燒村屠殺施**放毒氣，遭殺的人口，「無法計量」**的罪行。而感到他們對歷史和自身的無知。

李登輝在碑上題字主導由日人出錢在烏來風景區觀光景點興建大型高砂義勇軍慰靈紀念碑，無視南太平洋及東南亞在日本侵略戰爭中犧牲的五百多萬人民的悲痛和感情，和原住民青年被欺騙去做侵略者幫兇的可憫境遇；並以日文宣揚「大和魂」，和以名利金錢小惠對原住民進行繼續欺騙之事，雖於完工揭幕後，被告發取締；卻已顯示國內的政局，一時之間，有像九一八瀋陽事變前，日本軍國主義分子挾持溥儀搞獨立相似的陰影隱現。

而陳水扁總統在其「國務機要費」貪腐弊案，被檢察官對其夫人吳淑貞以貪污罪被告起訴，其本人列共同正犯後，爲掩飾事實，以總統「特權」行政作爲抵制司法，干阻審判，拖延審判進展的同時，大力進行纂改歷史教科書，強制灌輸青年學生台獨意識，和去中國化、非中國化的「棄祖背國、忘恩負義」的各種行政乖行；以轉移視聽焦點，騙取青年選票，謀求儌倖延續政權。

殊不知謊言千遍還是謊言，纂改的歷史終必還原。以謊言詐術騙得政權的當政者，貪腐失能，社會沈淪，民不聊生，強用權力篡改歷史事實，美化自己，否定前人的偉業功績，終必徒勞枉然。難逆「歷史事實不能磨滅，偉人功績抹煞不了」的歷史鐵則。

尤其在選前，利用執政權勢，刻意製造民間仇恨族群對立，從中操弄愚騙民眾，並以「假台獨」議題，掩飾「真貪腐」弊案，「假民主」表象包裝「真獨裁」橫行。把禮義廉恥，法紀倫理及誠信等社會基本價值，摧毀殆盡，毫不顧惜。把「依法行政」的法治常規，變成「依令行政」的人治獨裁。用共產黨已經悔改廢棄的「清算鬥争」「文化大革命」的暴政手法和迫害手段，維持「貪腐結構」的失能政權；置人民疾苦，國勢沈淪於不顧，民眾看不見未來。

前蘇聯總理戈巴契夫曾說：「政治沒有道德，就變成威權及獨裁。」誠哉斯言！不幸，當權執政的民進黨陳水扁總統，就是這種無德的威權和獨裁。

特別是在民國九十五（公元二〇〇六）年九月十五日，百萬人民以身着紅衫代表怒火湧上街頭「反貪倒扁」靜坐活動持續月餘後，陳水扁在台獨人士聚會上又宣稱要制訂「第二共和」新憲法，立即引起美國務院發言人要求其信守「四不」承諾，並表示現在正是台灣領導人考驗其能否守諾和有無領導能力的時候。

同時，美國波士頓學院政治學教授陸伯彬（Robert S Ross）**針對陳水扁的宣示動作評論時指出：**有些領導人基於其「個人因素」寧願置國家於高風險、高成本之中，如北韓的金正日、柬埔寨的波布等；陳水扁在其執政黨經過立法委員改選大敗，及縣市長選舉慘敗後，仍大肆貪腐，不知收斂，及至百萬人民上街倒扁，猶執意搞台獨動作，都是因其個人因素爲了他個人的利益，而不顧民意，冒險躁進的。**挽救之道，可以由人民把有高風險的「不正常」領導人，改以比較不走高風險路線，比較「正常」的領導人取代。**

旁觀者清，當局者迷，我二千三百萬人民若繼續茫然不察，在台獨人士棄祖背國，忘恩負義，謊言編織的虛幻夢想台獨假議題迷思中未能醒悟，不辨是非，任其發展；放任陳水扁等掌權者堅持其不明歷史，不顧現實，不計未來，只爲騙取選票的「井蛙視野」和獨裁乖行，把個人利益置於國家和人民利益之上，也不記取「珍寶島事件」的歷史教訓，爲了他一己一

黨的自利，傾力挑撥族群仇恨，誤導人民對立，不能理性思辨；媚外欺內，盲目瞎闖，把國家墮落到戰禍深淵，則戰爭劫難的來臨，是有高度不確定性的。但願不要放任他瞎闖招禍，被後代世人批評我們這一代人民是「自作自受」遺禍子孫就大幸了。

二、個人苦樂全在自己

在我從出生那天起到執筆述懷的今天，經過了七十五年的生活與生命的洗鍊中，我得到的體悟是：個人的苦樂操在自己，禍福得由天定。列述如后：

我童年生長在一個有愛的大家庭中，被呵護備至，不知道苦。成長中受儒家的教養影響，樂觀奮鬥，力求上進，遇到險阻艱辛，不以爲苦。

少年時自作主張要離家出外，遠赴洛陽去找三伯讀書求學，遭到家中大人因不放心而反對；及在赴洛陽途中遇到的困難危險，與成年後四十五年軍戎生活中，所遭遇的諸多困阻艱險，都一一理智面對，沒有怨天尤人，反而以能克服挑戰考驗爲樂。

在諸多艱險中，卻也都有像前述任大哥自動出面向我家大人保證可以把我送到洛陽去見我三伯，及在闖入武陟縣大牢時的平安脫險過程一樣，獲得了「吉人天相」的結果。

若是沒有任大哥的義行，我可能在那一波階級鬥爭的馬列共產主義世界革命洪流中就受到不可知的劫難，改寫我的一生。

可惜像任大哥這樣的大恩人，我記不起他的大名，回家鄉去問也查詢不出，兩岸隔絕太久了，人事變易太大，無從問起，真是莫大的遺憾。但卻不能不說禍福得由天定了。

記得旅居日本東京時，有一天冬夜十一點多，我送朋友在新宿車站旁商業娛樂區上計程車回家後，一個人沿著高樓建物群通往西新宿住宅區的大道旁的人行道步行返回住所時，寒氣襲人，行人稀少，看見有一個賣夜宵的流動小販，在人行道旁空地上，擺撐著他那伸縮車蓬，蓬角下掛著兩個圓長形日式紅燈籠，車蓋後沿的蓬布斜垂到車後的地面上，爲賣夜宵小販擋住了背後來的寒風，在車蓬的一邊放著一個卡式收音機，播放著節拍輕快的音樂，緊靠著車前正面排列著三個輕便橙子，上面坐著三個吃宵夜的人。

我好奇地走近去看，但見那個小販是在賣日式拉麵，他不是在車爐台後面站著煮麵，而是隨著收音機播出的音樂手舞足蹈地拿蔥放鹽下麵；在一個人轉身的空間裡，他前傾後仰，東搖西擺，忽舉右手取鹽，或出左手拿菜葉，彎腰點頭，兩隻手像丟銅板似地向前跳躍著把肉片一跳一躍地往鍋裡丟，兩隻腳跟著節拍不停地忽高忽低的跳躍著，連放醬油、端麵碗給客人都是跟著音樂的節拍高低舞動。臉上一付敬業認真喜樂忘我的表情，讓三個吃宵夜的女客和過路的我，也都顯露著好奇的喜悅。

回到住所，我不禁在想，在寒夜裡賣麵的小販，充其量能賣的麵實在有限，賺不到多少錢，他不是有錢人，他是靠寒夜賣麵維持生活的貧窮人，但他不覺得苦，生活得那麼樣的喜

樂活潑。**可眞是自得其樂。**

又回想到孔子的弟子顏回「一簞食，一瓢飲，在陋室，人不堪其憂，回也不改其樂。」被孔夫子稱讚爲賢德弟子，被後世推崇列入聖人之林。可見憂苦與喜樂全在於顏回自己個人的感受。

孔子在論語中說：「飯疏食飲水，曲肱而枕之，樂亦在其中矣！不義而富且貴，於我如浮雲。」說明他對於不合乎公義而得來的富貴，不覺得喜樂。樂與苦不在於富貴或貧淡，而在於是否合乎公義。

再看一看一些收入不錯，或收入很高的富人，常常憂悶不樂，怨天尤人，或叫苦連天，或怪命運多桀。沒有喜樂可言。

常聽有句諺語：「以需要而生活的人常覺得富足，以想要而生活的人常覺得窮少。」自己覺得是富足的人會常樂，自己覺得是窮少的人會常苦。

也有人說，快樂是心平氣和自我滿足的深層感受，只有自覺一生已經夠美好的人，肯定自我的內在價値，不貪慕外界，才會快樂。

向外奔競追逐，日日緊張，有名更想有名，有錢更貪多錢，有權更不能失去，期望高陞；遊遍世界想遊外星，永沒止境，永沒絕對保障，焦慮之中，不是自責，就是責人，那來快樂。

所以，苦樂實在一念之間，個人的苦樂操之在自己，而禍福非個人單獨可掌控，就得由

天定了。

中國古語說：「智者不惑，仁者不憂，勇者不懼。」孔子說：「朝聞道，夕死可矣。」文天祥、史可法、林覺民、羅福星、莫那·魯道、簡義、張自忠等面對死亡時，那種視死如歸，「鼎鑊甘如飴」的大無畏精神，都是發自其對生死價值的看法。所謂「我生則國死，我死則國生」，「死有重於泰山，有輕於鴻毛」的認識，絕不輕生，亦不苟活。

具體點來說，也就是爲人做事只要宅心仁厚，秉持公義，勤奮務實，面對現實；凡事竭智盡力，盡其在我，不必求人諒解，行正坐穩，俯仰無愧，把成敗得失個人生死置之於度外，無所掛心就好了。

三、國家興亡端在其領導人與人民

審察十九世紀以來，世界各國存亡興衰的演變，及物性進化論主張適者生存「弱肉強食」之叢林規律產生的資本主義、共產主義、和軍國主義，所導致的兩次世界大戰、美蘇冷戰、國共內戰、韓戰、越戰、中東戰爭、阿富汗戰爭、伊拉克戰爭等的戰禍災難，我體悟到一個國家的興亡盛衰，主要的原因和關鍵，端在於其領導人的人格特質之好壞，與人民的醒悟作爲之強弱。析列於后。

中國在清朝末年，朝廷昏庸封閉，官員貪污腐敗，國勢積弱不振，人民仍盲目順從，導致被列強侵略，迫訂不平等條約，割地賠款和治外法權。

公元一八九四年九月，中日甲午海戰，清廷戰敗，被迫簽訂馬關條約，把日本久想侵佔的台灣、澎湖割給日本，並賠款白銀兩億三千萬兩，喪權辱國，人民憤怨至極。

孫中山先生於同年十一月二十四日，在檀香山成立興中會，號召國民革命；誓志喚起全國民衆，推翻滿清專制，建立民國，收復失土。並派陳少白來台連繫，獲得台灣茶葉商人吳文秀、趙滿朝、楊心如、洋行商人容祺年等響應，於公元一八九七年十一月上旬，在台北大稻埕成立興中會台灣分會，宣傳革命。

爲了策劃惠州起義，中山先生於公元一九〇〇年來台，在台北新町設立革命指揮所，停留了四十四天。被日本政府下令臺灣總督驅離赴港。

公元一九〇四年，李友邦攻擊日本警察派出所後，離台赴粵，創立「台灣革命同盟會」，繼續抗日活動。

經過十次革命起義，終於公元一九一一年，武昌起義成功，推翻了五千年的君主專制，於翌年創建了亞洲第一個民主共和國—中華民國。中山先生被尊稱爲國父。

民國初建，袁世凱即稱帝，臺灣的抗日革命家蔣渭水在總督府醫學校內鼓吹革命，密派翁俊明與對細菌有興趣的杜聰明潛赴北京毒殺袁世凱，因袁的防備嚴密，無功而返。同時發起「國民捐」支持中國革命，預定總額五千圓，蔣渭水獨自募得一千八百圓。

為了掃除革命障礙，中山先生在廣州創立了黃埔軍官學校，台北李友邦投入黃埔軍校，組「台灣義勇軍」抗日。並提出「台灣回歸祖國」的主張。

民國十三（公元一九二四）年三月十二日，孫中山先生積勞成疾，在北京逝世，消息傳到了台灣，民衆十分悲痛。「台灣民報」於民國十四（公元一九二五）年的二月二十一日，在「哭望天涯弔偉人」追悼社論中說：「孫先生雖死，而三民主義還活著，自由、正義是永遠不死的，他的熱血還熱騰騰地湧著，而且永遠湧著！」

在同號（民報）上，張我軍也以「長使英雄淚滿襟」悼念文追思說：「孫先生實在是我們所崇拜的，他是弱小民族之「父」，他的一生是革命的歷史，他一生為自由而戰，為正義而戰，為弱小民族而奔走，而盡瘁。他叫出來的聲音，就是自由、正義之聲，又是弱小民族悲鳴之聲。**……我們往後當自奮，以報先輩的崇高遺志。」**

民國十五（公元一九二六）年，「台灣民報」撰文，「尊中山先生為國民之父，弱小民族嚮導者的革命領袖」。

同年十月，北伐軍節節勝利，「台灣民報」社論，要求日本政府在「日華親善原則」下，應採取嚴正的「不干涉主義」。

次年五月，日本出兵山東，阻撓北伐，「台灣民報」社論批評「對華出兵是武人外交的輕舉妄動。」

民國十六（公元一九二七）年，孫先生逝世二週年紀念大會在台北舉行，聽眾多達四、五千人，日本警察出動八十名警力到場監聽。台南興文堂印有「孫總理遺囑」的墨條及「模型」，竟遭日本警探押收，依日本警察署所說的理由是：

「孫中山不是台灣人的偉人，台灣人不可崇拜孫中山，台灣是殖民地，殖民地的人，不可認孫中山為殖民地的偉人，殖民地的人們崇拜孫中山是自己的不利益，殖民地有可尊敬的人，不可崇拜孫中山。」

同時，興文堂牆上所掛的「孫中山遺像」也遭拆下，「孫中山紀念筆」也遭禁售。從此以後，日本當局禁止台灣人舉行紀念孫中山的集會活動。但是禁止得了對孫中山的尊敬行為，卻禁止不了對孫中山所懷的崇敬心理。

蔣渭水經常引用孫中山的話向同胞宣稱：「我（孫中山先生）用民生二字來講外國百十年新發生的一個大問題，就是社會問題。」「而社會主義是研究人民的生計問題，所以我用民生主義代替社會主義，始意就是正本清源，要把這個問題的真性質表明清楚，要一般人聽這個名之後，便可以了解。」

又稱：「我們講到民生主義不能用馬克思的辦法到中國來實行……中國今日是患貧，不是患不均……所以我們師馬克思之意則可，用馬克思之法則不可。」

蔣氏曾說：「孫先生的指導原理是三民主義，而三民主義的重心又在民生主義，所以孫先生思想的結晶是在民生主義。」
在最後一次紀念中山先生的追悼會上，他講述孫中山先生的特點有三：
一、公私分得清
二、責任擔得專
三、仇恨忘得快
蔣氏是孫中山的崇仰者，爲台灣抗日革命，積勞成疾，英年早逝，台灣先賢們爲他舉行大眾葬，參加送葬民眾人山人海，靈堂正中懸掛「忠魂沖漢室」大型輓額。悲痛之餘，爲其出版「蔣渭水全集」，但剛出版就遭日本當局查禁、焚毀。當時引起民眾有「死渭水嚇破活總督」的諷刺。
民國初期，歷經袁世凱稱帝失敗，中山先生逝世，軍閥割據，及日本阻撓北伐統一，並侵佔東北四省，進攻華北、淞滬，全中國人民始醒悟到犠牲已到最後關頭，在軍事委員會蔣介石委員長堅苦卓絕領導下，團結禦侮，以弱抵強。
經八年浴血抗戰，終於民國三十四（公元一九四五）年，抗戰勝利，日本投降，收復失土，光復台灣；並廢除不平等條約，使中國在戰時由被侵略的弱國，躍升爲美、英、中、蘇四強之一。於戰後成爲聯合國的創始國，在安全理事會中享有否決權的五大常任理事國之一。
再看日本，明治維新，統一了相互征戰的諸藩幕，逐次廢除了西方列強逼迫日本簽訂的不平等條約和治外法權；師法西方強權的科技文明，歷時四十餘年，國民生活及國力戰力達到現代化，人民景從，演變成了軍國主義。

當政掌權的軍閥，紀律敗壞，對內藉暗殺奪權，殘酷鎮壓，對外藉侵略建功，窮兵黷武。爲逞其私心野望，採取侵華政策，並以「武士道」、「大和魂」（美國戰時史學家戴德華 George、E、Talarv 稱之爲「老舊而反動的東方哲學痲醉劑」。），惑騙其人民盲目附從。想建立「八紘一宇」，「宇內混同」的統霸世界。終致空前慘敗，無條件投降，幾至亡國。

除投降時切腹自殺者外，遠東國際軍事法庭在東京大審中，對應負戰爭責任的甲級戰犯土肥原賢二、廣田弘毅、板垣征四郎、木村兵太郎、松井石根、武藤章、東條英機等七名首要重犯判處絞首刑，處決伏法。荒木貞夫等十六名重要戰犯判處終身監禁。

戰後日本的掌權領導者和全國人民，自知闖了大禍，在同盟國駐日美軍的監管保護，和大量美國經濟援助下，一心一意，死心踏地的發展經濟，經過了四十八年的時間，到公元一九八二年時，已從戰後的廢墟窮苦中發展成繁榮富裕的經濟大國。

然而，戰後的中國，在美、蘇影響下，國共兩黨未能和平建國。當時的中共領導人毛澤東主席爲逞其要與天公比高的私慾野望，趁著戰後人民生活貧苦，國事百廢待舉的艱苦狀況，把馬克思共產主義的理想扭曲利用，執意要與當時奉行三民主義仁民愛物執政的國民黨中央政府進行一場以武力奪取政權的血腥內戰。

在美蘇影響和人民盲目附從下，四年之內，以武力佔據了大陸；於民國三十八（公元一九四九）年十月一日在北京成立了中共政權——中華人民共和國。

而國民政府於艱苦抗戰勝利後，官員心態疲憊貪散，亟需休養，國事千頭萬緒，力不從心；加以美蘇外力影響，善後作爲諸多失策，雖然即時制定憲法，還政於民，但尚未實施，即軍事潰敗，退出大陸，中央政府遷都台北，據守在台澎金馬海島地區。

從此，一個中國分成兩個政權，各以正統自居；台北的國民政府在聯合國內代表全中國，長達二十二年之久，直到民國六十（公元一九七一）年十月二十五日，多數國家接受了北京的人民共和政府進入聯合國取代國取代國民政府代表全中國，兩個政權在國際社會中相互易位，隔著台海對峙，開始了三民主義與共產社會主義兩條政治路線與制度的優劣競賽。

同樣經過了四十八年的時間，到民國七十一（公元一九八二）年時，北京的共黨政府在中國大陸，歷經了內戰、流血的土改、總路線、大躍進、人民公社、無產階級文化大革命等大變亂、大劫難，國家的元氣大傷，人民生活比抗戰時期還要窮苦。

而退據在台澎金馬地區的國民政府，在蔣中正總統領導下，痛切反省其在大陸失敗原因後，矢志建設台灣爲三民主義模範省，中興復國，澈底實施民生爲本的民主憲政。

一面整軍經武，強化國防，確保台海安全。一面勵精圖治，廉能治國，普及國民義務教育，和致力經濟建設。有計畫的實施三七五減租、公地放領、不流血的土地改革，和四年一期的經濟建設計畫，使從小學生到大學研究生，人人都崇尚民主。經過了無數次的各級地方首長和民代選舉，和八個四年一期的經建計畫，到民國七十一（公元一九八二）年時，民主選舉程序已趨成熟，經濟起飛展現榮景。

具體而言，一個廉能的政府，把台澎金馬地區已從戰後廢墟窮苦中，創造出人民安居樂業，享有自由、民主、均富、安定的小康富裕生活，居亞洲新興國家地區的「四小龍」之首。對比之下，台海兩岸的政治路線與制度孰優孰劣，對國家人民何者是有利，何者爲有弊，不言自明。對北京的中共政府產生了必須正視檢驗，自我改革的正面啓示作用。

美蘇冷戰期間，蘇聯自由鬥士索忍尼辛訪問台北時曾指出，在馬克思共產主義世界革命洪流發展中，中國能保有台灣這塊自由民主的復興基地發揮和大陸對比的正面作用，是中國人的幸運。可嘆蘇聯就沒有這樣的好運。

果然，中共領導人鄧小平總理於清除已故毛澤東主席的「文革」打手「四人幫」後，採取了「實事求是」的改革開放政策，取消人民公社，揚棄以「階級鬥爭爲綱」的教條，倡言「實踐是檢驗真理的唯一標準」。

從公元一九七八年，中共三中全會後，決定國有企業要自我改造，自我發展，自負盈虧，自主經營，以共同富裕爲發展總目標。並仿效台灣設置「加工出口區」的作法，先在深圳沿海地區設立「經濟特區」，引進外資，繁榮經濟，允許私有財產制，逐步加大改革開放步伐，獲得全大陸人民的附從。

經過二十七年的時間，到了民國九十五（公元二〇〇六）年二月，中國大陸出現了驚天動地的大變化，已由極爲貧困落後的社會，發展成爲外匯儲備金額超過日本，達八千七百六十一億美元的世界強大經濟體。同年十一月，其外匯儲備金額更突破一兆美元，令人驚異。一時間，由於投資成本低，成長快，到中國大陸去擴張發展，竟成了國際跨國資本解決其經營問題的萬靈丹（見公元二〇〇五年十一月華爾街日報）；顯示了中國大陸的經濟對世界經濟產生了很大的影響，對國際資本有很大的貢獻。

更出人意料的，世界貿易組織（WTO）於公元二〇〇七（民國九十六）年四月十二日預測，中國大陸去（公元二〇〇六）年出口成長27%，幅度超過所有其他主要貿易國，達九、六九〇億美元，僅次於德國的一兆一一二〇億美元和美國的一兆三七〇億美元，但是中國大陸去（二〇〇六）年下半年的出口總額已經超越美國。依此趨勢，公元二〇〇八年中國大陸可能就成爲全球第一大出口國。比原先的預測提早二年。（見聯合報民國九十六年四月十四日紐約特派員專電報導）。

反觀在台灣的國民政府，到了李登輝掌權後，權慾薰心，極權獨裁，大玩黑金政治，驕奢揮霍，夜郎自大，於由故蔣經國總統領導下所創建的「經濟奇蹟」，正向亞太作更大的發展時，採取了「戒急用忍」政策，自我設限，錯失了在經濟上以大陸爲腹地，向亞太發展的大好機會。

民國八十九（公元二〇〇〇）年，政黨輪替，民進黨執政，陳水扁當了總統，以台獨意識主宰一切。效法以「階級鬥爭」控制人民，獲取政治利益的手法，對同是以漢人爲主由大陸遷來台灣的華族同胞，硬以「排賢拒能」的「本省、外省」，「本土、外來」的分化手段，製造對立，挑撥衝突，否定史實，顚倒是非，從中操縱控制，騙取選票和政治利益與金權。執政貪腐無能，法紀敗壞，政策錯誤，民不聊生，經濟衰退，人民攜子女全家自殺者激增。到了民國九十五（公元二〇〇六）年，平均國民所得，遠落後在新加坡、香港、韓國之後尾；歲末國際各機構展望來年一致看衰台灣經濟；亞洲銀行預測公元二〇〇七（民國九十六）年台灣經濟成長率爲40%，是亞洲十二個國家地區的第十二（最後）名。把台灣由國民黨執政時的社會蒸蒸日上的旺勢，變成了社會向下急速沈淪的衰局。

使台灣多年努力建立的民主均富蒙羞，給北京的中共政府提供了民主歪邪墮落的負面警示作用，與虛假民主爲害甚烈的反面教材。更使北京中樞見識到躁進的不成熟民主產生的貪腐邪惡不義政權禍國殃民的殷鑑教訓。

然而此時的日本，隨著戰後六十年歲月的消逝，經過侵略戰爭禍人害己慘痛教訓的一代多已老去。戰後出生的世代，只知其國家戰時曾被原子彈轟炸，戰後一直在政治上受國際的限制，軍隊只能稱「自衛隊」，不是一個正常的國家。

加以衰退了十五年的經濟止衰趨甦，從未澈底悔悟的軍國主義思想，藉著修憲法，改教科書，和內閣首長參拜有甲級戰犯在內的靖國神社等作爲日趨復活，忘記了過去禍人禍己幾至亡國的慘痛教訓，又嚮往其近代對外侵略掠奪的禍害妄行。掩蓋侵略罪行，美化侵略藉口，二次世界大戰前併台亡華的夢想，又再重燃。

檢視日本極右的軍國主義分子和李登輝合作提倡的「中國七塊論」，及和陳水扁合演的台獨活動，就都是這一潛存的一廂情願舊夢重燃的具體顯現。

只是時空條件不同，睡獅已醒，中國已非當年昔日的積弱不振，日本也不是當年昔日的東亞霸權，美國資本主義強權在二〇〇一年「九一一」攻擊事件後，亦認識到其超強的權力有其不足之處，連想排除異族入侵美國也不容易；優勢軍力並不足以保護自己國家的本土，防恐就得仰賴他國合作；必須重新界定其國家利益，學習設法將全球利益納進美國國家利益的界定中。有三分之二的人民原則上反對美國在沒有其他國家支持下，獨自進行海外活動。但也不接受那些可能帶來怠惰態度，增長他國自利心態，甚至傷害美國價値觀的多邊做法。美國有其國家的戰略利益，並不是軍國主義者的日本爲逞舊夢的自利心態可以無限利用的。

更何況東西方相關各國的人民，對其國家當權領導者爲逞私慾而挑釁戰爭的自主醒悟作爲，與當年昔日的人民盲目附從已大不相同。

最現實不過的，日本在其小泉首相推行的復活軍國主義一連串作爲，遭到國際尤其亞太

多數國家反對、譴責、抵制，及引發其本國人民批評抱怨和憂慮不安後，繼任的首相安倍晋三，雖和小泉同屬右派，不得不改變作爲。就任後，一反歷任首相就任後必定先去美國華府訪問的慣例，首先去中國大陸北京訪問，進行所謂「破冰之旅」，親自邀請温家寶總理訪問日本；當即獲得同意以「融冰之旅」爲名回訪日本。

並於公元二〇〇七年四月十一日在東京高峰會談中，温總理和安倍首相代表雙方發表「中日新聞聯合公報」，再次確認兩國的戰略互惠關係，以增進互信，履行承諾。明列最高原則是構築兩國戰略互惠關係的共識，基本精神是兩國全面發展雙邊、地區及國際等各層次的互利合作，藉此推動兩國關係到新的高度。

關於台灣問題，日方在公報中重申，日本將繼續遵守一九七二年「日中共同聲明」中的「尊重台灣是中國不可分領土的一部分」之中國的主張。「日中決心正視歷史，開創兩國關係的美好未來」。

温家寶向安倍强調，中方將盡最大努力，争取和平解決台灣問題，但堅決反對台灣當局推行的台灣法理獨立，和其他任何形式的分裂活動，希望日方認識到問題的高度敏感性，恪守承諾，慎重處理。安倍回應，日方不採取「兩個中國」、「一中一台」的立場，不支持台灣獨立。

温家寶並在向日本國會的演講中說，「日本發動侵略戰争造成中國人民巨大的苦難，戰争責任應由少數日本軍國主義領導人負責，廣大日本人民也是受害者。」「日本政府曾對發動侵略戰争表示反省和道歉，對此，中國政府和人民給予積極的評價。**中國政府歷來堅持向前看，一貫主張以史爲鑒，面向未來；以史爲鑒，不是要延續仇恨，而是爲了開闢更好的未來，期待日本能以實際行動來體現兩國人民世代友好的願望**」。

並再次特別强調，台灣問題是中國核心利益的重要問題，中國將盡力争取和平解決台灣問題，堅決反對台灣當局推行的台灣法理獨立。和其他任何形式的分裂活動，希望日本認識到問題的高度敏感性，恪守承諾，妥慎處理這個問題。同時表示：**作爲貴國的友好鄰邦，中國人民肯定並支援日本人民繼續沿著這條戰後所走的和平發展道路走下去**。

關於慰安婦問題，日本首相安倍於公元二〇〇七年三月十六曰，**主持內閣會議通過對慰安婦的「答辯書」，再度表明沒有証據顯示第二次世界大戰時，日本有強徵慰安婦的事實**。辯文稱「從政府發現的資料中，找不到軍方或官方曾進行所謂强徵慰安婦的直接記述」。

但因受到美國日裔國會眾議員麥克、本田在國會提出譴責日本政府安倍內閣否定强徵慰安婦的史實，謊言硬拗，掩飾侵略罪行的作爲，要求日本政府正式向慰安婦道歉謝罪決議案，已有八十二位議員支持，正式進入審議的强烈反制，及日本歷史學者林博文教授同年四月十七日向媒體公布遠東國際軍事法庭在東京大審戰犯的審判文件中，詳載日軍在中國桂林、南洋婆羅洲、印尼摩亞島等七處强徵當地婦女充當慰安婦事證的反駁**之影響，深恐持續硬拗，**

可能引發世界公憤，對日本不利，安倍不得不反覆改口。

隨即於同年四月二十日在國會答覆慰安婦問題的追問質詢時安倍說，日本政府將繼續承續一九九三年在「河野談話」中承認日軍参予慰安所的設置管理並向慰安婦道歉，特別用「我以身爲首相在此道歉」以示鄭重。同日，日本政府在內閣會議發表聲明，確認日本在二次大戰期間有強徵當地婦女充當慰安婦的事實。聲明表示，遠東國際軍事法庭在東京大審判決認定，日軍於二次大戰期間在桂林强徵當地婦女充當慰安婦，日本政府接受這一判決，不再争辯異議。（安倍曾於二〇〇五年說過「那個判決是不妥的」）。

接著，日本首相安倍晉三於同年四月二十六日低調訪美與美國布希總统會晤，並向美國國會領袖表示，他以日本國的首相身分向慰安婦表達歉意。布希表示他接受安倍對慰安婦的道歉。

但美國眾議院外交委員會於二〇〇七年六月二十六日，以三十九比二的壓倒性多數通過決議案，敦促日本「以明確態度正式承認二次大戰期間曾強迫婦女充當慰安婦，承擔歷史責任並道歉。」眾院議長波洛西更發表聲，「期待眾院院會通過此案，讓外界明白我們不會忘記慰安婦悲慘的遭遇。」

此案已經眾院全體表決通過，無異是對日本右派議員連盟四十名議員在華盛頓郵報刊登廣告，否認日本曾強迫婦女充當慰安婦的歷史事實的愚昧硬拗所作的終審捧喝。

同年五月一日，美日外交、國防首長在美國華府舉行「二加二」會談，發表「美日聯合聲明」，公布兩國「安保條約」新的共同戰略目標，沒有台灣，不僅把二〇〇五年二月，兩國所訂「美日共同戰略目標」中所列「台海安全問題」予以刪除。反而承認中國（大陸）對區域和全球安全的「貢献」。

據媒體報導美國副國務卿在参院聽証會表示，把「台海安全問題」從美日「安保條約」共同戰略目標中刪除，是因台灣某些領導人正試圖通過某些方式改變台灣現狀，有「不可測性」，違反美國在台海的戰略利益，也就是一個中國，台灣問題「維持現狀，和平解決」的基本政策。換言之，是因爲近年來台灣執政的民進黨陳水扁等領導人背棄了「四不一沒有」承諾，急推制定「第二共和憲法」等一連串意圖改變台灣現狀走向法理獨立的動作，背信毀諾，已踩到了北京的「反分裂國家法」的紅線，不符合美日的共同戰略利益所招致的後果。可說是美日對執政的民進黨陳水扁等領導人近年連串台獨言行動作的反制和遏阻。

在在顯示任何大國皆是以其國家的最大利益爲考量，當前執政的陳水扁和民進黨卻把自己私人和一黨的利益和權力幻夢寄托在美日的支持上，是多麼的自欺欺人，誤國殃民。

再看，菲律賓因馬可仕而由富裕變窮苦，新加坡因李光耀而由貧弱變富康，美國因詹森擴大越戰而遭致空前潰敗，伊拉克因海珊而被美英摧毀，南非因曼德拉和戴可拉克而終結種族仇恨、連年戰亂，走向融和富裕，造福人民。

反覆檢驗，見證了國家領導人的人格特質之好壞，和其人民的醒悟作為的強弱，是其國家存亡興衰的主要關鍵。

而國民政府所在地的台灣，在蔣經國總統逝世後，由廉能政治蒸蒸日上的國勢，演變成貪腐無能急速沈淪的執政機能「死體化」頹局之主因，正是領導人李登輝反覆投機、尤其是陳水扁只為謀取己利，不顧恤人民疾苦的人格特質太不及格，及全國人民的醒悟作為不夠強所導致的又一明證。

此外，我少年時立志要實現一個大目標，就是祖父為我取名「國垣」時，期待我長大成人，要捍衛被列強、日本軍國主義侵略的苦難國家和同胞。在成長教養中，受儒家仁義忠恕之王道的薰陶，和孫中山先生「天下為公」博愛和平精神的感動，同情貧弱，厭惡暴虐，特別是違反公理、正義和人性的列強侵略和人間不平。

深深領悟到唯有各列強的國家領導人和人民，能認知到繼續持行「弱肉強食」的叢林規律，世界戰禍難免，人類永無寧日；應改以「仁義忠恕」互助的「中庸之道」代替，以創造宇宙繼起之生命為生命的意義，以增進人類全體之生活為生活的目的，人類才能和平相處，合作繁榮。走向「禮運大同篇」的理想——世界大同。

附錄

一、德意志博物館參觀記

張國垣

〈原載民國六十八（公元一九七九）年八月四日台北中華日報副刊，並經紐約世界日報特載〉

穿過蒼綠的杉木林旁的大道，好友凱納爾（Keener）先生把車子在一段鋪砌得平整乾淨的石板路邊停下來，我彎下身子跨出了車門。霧靄迷濛，寒風刺骨，刺得兩頰冰涼。我挺了一下腰幹兒，把雙手插進大衣口袋裡緊緊地貼著下腹，兩眼望著不遠處一幢隱約於落葉樹叢中的建築物。

「那就是德意志博物館！」

凱納爾先生停好了車，走過來指著我凝視著那幢半露在樹叢上方的深褐色建築物，熱心地對我解說。

「噢！沒有多遠了嘛，可惜看不太清楚。」

我一邊回答，一邊和凱納爾先生並肩向前走去，心裡禁不住猜想著在那麼樣的一幢建築物裡面會看到些什麼。邊說邊走，不知不覺拐了個彎，就到了博物館的門口。看下腕上的錶，正是上午九點。

博物館的外貌十分普通。看上去是一幢不算高的陳舊建築。黑色的木門框，鑲嵌著大塊格形的平光玻璃，顯得那麼厚重結實。門框旁邊的外牆上，橫掛著一塊舊得發烏色的長方形小銅牌，上面刻著「德意志博物館」（Deutsches Museum）幾個德國字。

門前的空地不大，在門前右側的空地上，展放著一架完整無缺的德國噴射客機，機身下的門打開著，遊客們可以清晰地看到機頭和機體裡面的各種機械和精密儀錶。

進門後，把票交給入口處的服務員。隨著行進箭頭指示的方向走去，首先映入眼簾的，是一艘老式的帆船，和它那從地下層突出地面上的高大船桅。船的艙口也就是通往地下層的入口，進入艙口後，沿著梯階向下走，左手邊陳設著的是帆船內部的各樣陳設，如船員起坐吃飯的小艙，手提煤油燈，床鋪等。

再往下走，像置身在一艘巨型輪船上，船上的各部門如輪機房、船長室、海圖室等應有盡有。有些機器儀錶，參觀者還可以親手去搬動操作，體會一下做船員和當船長的滋味。還有一些有關造船工程的各種原理，也都用真實的機器儀錶等設置，作能動的說明。

地上層相當的大，陳列的東西一時無以數計，其中有一艘在一次世界大戰中，曾經揚威大西洋，使同盟國海軍傷透腦筋的德國海軍單人潛水艇，嬌小靈快，原樣地保存著讓人觀賞憶往。

還有一艘在二次世界大戰時建過戰功的德國巨型潛水艦，也完完整整地陳列在那裡。由於艦身長而高大，地下層的高度容納不下，特別在它陳列位置的上方，把地下層的頂板打穿，讓艦身的上半截穿過頂板面突出在一樓地面上。

潛水艦右側的艦殼剖開著，參觀者可以把艦體裡面的一切設備，從頭到尾看個一清二楚。像水兵的頭盔、槍械、床舖、餐桌，以及艦裡的各種機械、儀器、用具等都很整齊地原位保存著。

此外，還有一、二次世界大戰以來，德國海軍的各型軍艦，像航空母艦、巡洋艦、驅逐艦、魚雷艇、以及德國航運的商船等，都照原樣縮製成比例尺度相當，精細逼真的巨大模型，陳列在巨大的櫥窗裡，不勝枚舉。

在陳列的船艦中，有一艘懸有漢字「鎭南」旗幟的東方古式戰船的模型，精細逼真，看上去氣魄雄偉。它那股乘風破浪，揚威海上的雄風，使我倍感親切興奮，頓興思古之情。但是說明牌上寫著這艘船是大韓民國所送。

給我印象最深刻的，是德國人很懂利用空間。在地下層一角的牆壁上，設置了一幅用電光顯示的巨大世界航海路線圖，牆壁的前面約四公尺處有一個長台，台面上排列有許多電鈕，每一個旁邊有一個港口名字，只要有人按一下想要到達港口名字的電鈕，在牆上的世界地圖上，立刻有連串的電光顯示出從漢堡港通往他要去的那個港口的航海路線。不論大人小孩都可一目暸然。

轉過一個彎，漢堡港的全景呈現在眼前。這個德國的第一大港是用遠程照相機和立體景物精心設計而成，令人彷彿有置身在漢堡港現地之感。

順著指標走，光線漸暗，穿過一段隧道，忽然見到大群礦工們正在煤礦坑裡忙碌著採煤的活動景況。有的埋頭挖掘，有的駛車馳運，撞擊聲，車輪聲，宛如進到了真的礦坑。這種利用機器控制，使酷似真人的機器礦工各自操作的精密設計，實在精巧。

再往前走，光線轉亮，進入了發電區。用水力、火力、核能發電的設施和模型，目不暇給。各種變電和輸電線路的實物陳設，使參觀者像走入了八卦陣似的。

那些在海域、陸上鑽探石油的油井和煉油廠的設施模型，讓參觀的人親眼看到了海域油田和陸上油田的景物，以及取油煉油的艱難過程，很自然地產生了珍惜能源節省用油的觀念。德國的石油資源很少，據說在西德除了總統、總理，和少數幾位官員因國際禮儀需要乘坐大型轎車外，全德國不論多有錢的豪富，都自動乘坐省油的轎車，人人以省油爲美德。西德到處所見都是各式的省油轎車，他們務實不浮的國民性，在世界上算得是獨一無二，值得借鏡。

由地下層上來，展現在眼前的是從原始鳥樣飛行體到現代的航空工具。有一架沒有外殼的小型直升機，整體的機械結構看得很清楚。在圍著參觀的人群中，一個約六歲的小男孩，搬動了一下設在機旁的操縱桿，機身上方的螺旋漿就開始水平地旋轉起來，帶動著傳動系統也同時轉動。這時候，小孩的母親站在旁邊一邊告訴他注視轉動中的機械相互扣連的關係，一面指點他怎樣讓直升機拐彎飛行。接著，小孩又搬動了一下操縱桿，螺旋漿立刻作傾斜度的旋轉。

「直升機要拐彎了！」

樂得小孩張大著眼睛，合不攏嘴。可見西德國民科技水準普遍的高，是從小就培養的。

在這一層還陳列有很多德軍在歷次大戰中使用過的各種軍機，都保持原樣任人觀賞。有一架德造噴射戰鬥機，據說是德國空軍在二次大戰末期使用過的。我特地登上去看了個清楚，機身裡面的一切儀錶保養的完完整整。

再向前走，火箭、飛彈、太空船等，也都用巨大的電動模型展示著。

隨著參觀指標，走出了博物館的後門。門外是一片露天廣場，廣場的外沿就是伊薩爾河的堤岸。

在廣場上，陳列著各種新式噴射戰鬥機、噴射客機，還有巨大的水力風車等。由於他們體積太大，所以露天的方式陳列，但每架飛機的保養仍然是完好而潔淨。對於這些飛機，只能走馬看花。參觀的人大多在這裡一面呼吸一下室外的新鮮空氣，一面拍幾張照片留念。

河水低落，河床空闊，河面上結著一層薄冰。伊薩爾河畔的冬季景色，顯得那麼恬靜、沉著、和成熟。沒有塵囂，也沒有浮躁之感。

由後門再回到館內，循序參觀，看到有古老的二輪馬車，三輪馬達車，各年代的老式汽車，包括卡車、客車、各型軍用車、一直到一九七二年的各型轎車，都完好而潔淨地陳列在那裡。

有一輛簇新的賓士牌轎車，車殼半面透明，參觀的人可以把車裡的一切機械陳設，看個一情二楚。

看過汽車就輪到看火車，像到了車輛集中的火車總站，但見一條一條的鐵軌上，排列著各樣的火車，有早期燒煤的蒸汽火車，有柴油車，還有現代的電聯車。各種火車的各式車廂，如地下鐵路的車廂，電聯車的車廂、頭等車廂、二等車廂、三等車廂、和車廂裡面的座椅，都保持得塵土不染，任人觀賞。

參觀了造船、航空、車輛、煤鐵、礦冶、機械、發電、石油等工業的陳列後，還有光學、化學、電學、力學等科技、及天文、地質、氣象、水文等項目的儀器與實物陳列，類目繁多，非短時間一口氣所可看完。

館內設有容量甚大的餐廳，我們到餐廳時，壁上的掛鐘已指向中午十二點半了。

當時在座的客人約有三百多人，男女老少都有。有的正在付帳就要離開，有的還在等著用餐。但見身著白色歐服的女侍在座客間來往穿梭，座上的客人們不時交頭接耳，經聲細語。相距稍遠者以手勢互打招呼，都聽不到談話的喧聲，真像是一幕無聲的電影。

我們選擇在一間臨窗的房間用餐，室內几明窗淨，有餐桌四組。就座以後，一位年輕女侍，拿著記事紙筆，笑面迎人地走過來，問清楚我們各人要吃什麼後，很快端上來兩大杯德國啤酒。

「謝謝您熱心的解說，我真受益不少，先敬您一杯！」

「別客氣，但願您看得有趣，我來敬您。」凱納爾先生見我向他敬酒，連忙舉杯向我說著。

談話中，我若有所思地問道：「如此豐富的陳列，何不在陳列物旁加注上英文說明？」

「噢！館裡的陳設，主要是爲教育德意志本國的國民，所以沒註英文。」

凱納爾先生坦誠地向我解說。我覺得德國人有點只求「獨善其身」。

接著，我又問道：

「您不覺得這些說明過於簡單了些嗎？」

「真實的東西用眼看就可明白，是不需要太多說明的。」

凱納爾先生一面切著他的牛排，一面回答我的問題。

事實上，像這樣的博物館，在當前可說是全世界第一流科技博物館。全德國也僅只這一個，所有德國人都得到慕尼黑來參觀。

再說，真實的東西不祇一看就明白，而且還可以啓發參觀科技發展的想像力。在談話中，凱納爾先生認爲我中華民國以台澎金馬有限的海島力量，在過去三十年間，能把赤色暴力遏制得不能越過台灣海峽一步，實在是了不起的英雄成就。特別是在經濟、政治上創造的既成長又安定的奇蹟，更是舉世所同欽。

我感受到了做中國人的光榮，我對我們一千七百萬軍民同胞過去在政府領導下同心協力的成就，感到慶幸和驕傲。

餐後，我們驅車到郊外去參觀巴伐利亞郡最後一位郡王的王宮。

車行中，思潮起伏，深感現代化有它一定的必具條件和必經過程，必須一步一步的走，一件一件的做，絕不是空喊大話盲訂計畫就可實現的。德國能夠屢次稱強世界，爲世界的工業強國，國民求精求實的民族精神，實是主因之一。

在我們中華民國由農業社會躍至工業社會，從開發中國家邁入已開發國家行列的轉型時刻，政府在十二項建設中，已列有建立縣市文教中心的項目，正計畫設立相關博物館，若能參酌西德的經驗和我國的國情，規劃建立一個類似「德意志博物館」那樣有深度的工業科技博物館，對普遍提高國民科技素質，和厚值我工業發展的快速升級，相信都會有深遠的宏效，是以爲記。

二、臺灣的王牌

艾　中

〈原載民國七十一（公元一九八二）年八月二十四日中央日報副刊　並經印成簡體字單張空中飄送大陸〉

中副編者：我是由中國大陸到美國來的公費訪問學者，讀了貴刊後，我想把我由中國大陸來美後發現的問題寫出來，不知道能不能在貴刊發表。

到美國來學習科學，算是幸運，我真是開了眼界，沒想到資本主義國家，竟是如此的富有。看看地圖，中國的面積不比美國小，中國的人民比美國又多又勤勞，在中國大陸的十億人，卻過著比美國人生活水平落後半個世紀的生活，這是我感到基本上要先瞭解的問題。

美國的報紙內容很豐富，一份報紙的頁數，比一份「人民日報」的頁數要多好幾倍，不過對葉劍英的九點和平建議談話，一直沒有發表全文。

爲了搞統戰，我把中共在美大使館給我的葉劍英談話英文譯文，和收到的葉劍英談話及人民日報社論，複印了一些，散發給台灣來美的留學生，和關心祖國統一的華人。一有機會，就把英文譯文發給美國人。

我遇到的一般反應，台灣來的學生一聽到統戰，就有點厭煩，說共產黨的話那兒能信，過去幾次談判，都上了當，這次無論如何，也不可能再談。有的寧可留在美國，也不肯回歸祖國大陸。

對過去上當的歷史，他們如數家珍，常說：

在容共期間，中共力量很小，中共代表李大釗加入中國國民黨時，信誓旦旦，可是滲透到國民黨以後，就挑撥分化，製造分裂，阻撓北伐，差點把國民黨顛覆。國共合作抗日時期，中共向國民黨提出四項原則，聲明停止推翻國民政府之武力暴動，接受中央政府指揮，在特區實施民主制度，停止沒收地主土地等，後來事實証明，中共利用抗日時期，用一分力量抗日，二分力量應付國民黨，七分力量發展自己的武力。說的和做的相反。

勝利後，國共和談時期，毛澤東在重慶演說：「中國今日只有一條路，就是和。國共兩黨和各黨派團結一致，在和平、民主、團結、統一的方針下，在蔣主席領導下，澈底實現三民主義的方針下，一切困難都是可以克服的。」事實証明，這些好聽的話，竟都是謊言。

台灣留學生拿以上的例證，從而說中共的話不可信。他們對過去上當的痛苦事實，難以忘記。因此，使我根本沒有話可以回答。

美國雷根總統在一九八二年一月二十七日，接見讀者文摘雜誌訪問時說，台灣的生活水平已經接近美國的生活水平了。這種事實，實在是一大震撼，是值得我們中國人費心深思的大問題，也是中共領導首長們應該大力研究的頭等大事。一般人認爲台灣當局手中的一張王牌，是經濟繁榮，人人有錢，台灣學生也引爲驕傲，說在台灣，一般人民只有錢多錢少之分，大富小富之別，沒有貧窮，證明三民主義是好的。台灣當局也用這點理直氣壯要求大陸須放棄共產主義，這實在是最有力的精神武器。

我注意觀察，台灣來美的留學生，多數都是自費生，家裡出錢送他們來留學，沒有缺錢的感受，雖然也打工賺錢，那是爲了積錢，不是爲了生活，沒有生活用費的壓力感。不像我們由大陸來的訪問學者，二十幾元美金，要吃一到二週。用起來得精打細算，富與窮，差得很遠。

每逢暑期或農曆春節，他們還可以很輕易的買票乘飛機回台灣去會親度假，來回一趟，這筆開支不小，他們並不在乎，也有來往的自由，這一點我們從祖國大陸來的訪問學者是望塵莫及的。

在和他們接觸裡，發現他們可以在任何時間，不管白天夜裡，和他們在台灣的親友打國際電話交談話家常，一方面台灣的電話很普遍，幾乎家家都有，一方面他們不在乎電話費，這一點也是我們大陸來的訪問學者羨慕而不能相比的。我們只有在信紙上大寫特寫，把郵資發揮到最大效用。

我認識一個台灣來的留學生，他家原來在農村，他父親在日本佔據台灣時期長大，當時家貧，無力讀書，識字不多。十幾年前，從鄉下到台北找工作，可說是身無積蓄的無產階級，先在台北的國民就業輔導部門的輔導下做臨時工，生活沒有問題，後來他父親發現一種比做臨時工有發展的工作——檢破爛。於是辭去就業輔導，到大街小巷去檢人家不要的破爛品，送到破爛品處理場去換錢，以檢破爛為生。

由於社會進步快，經濟起飛，建築業十分發達，他靈機一動，不檢破爛品，改檢裝過水泥的舊紙袋。積了點錢，販賣鋼筋，因為他為人誠實，講信用，賣主對他放心，允許他先取貨後付錢，這樣賺錢很快，不幾年就富裕起來了。

在來美前，他父親為他辦了婚事，宴客四十多桌，他把他結婚宴客的彩色照片給我看，那是個很大的場面，還有樂隊歌手表演。一桌一桌的賓客們衣飾華麗，相互敬酒的歡樂氣氛，真是感人，在美國還沒有看到過。但見他父親西服整齊，臉上露著十分滿足的笑容，新娘著紅色旗袍，他母親著深色帶花旗袍，身上帶的都是珠光寶氣。

他和他父母分別住在台北市通化街兩戶現代化建築裡，從照片中看他家房屋內的擺設，除擺祖先牌位桌以外，還有高級中國古典新家具，壁紙、地毯、冷氣機、彩色電視、以及漂亮的檯燈等，全都是中西混合的陳設。

他家的房產照台灣學生估計，要值新臺幣五百萬元左右。他來美時，他母親駕駛自用小轎車把他送到飛機場。

據他說他父親不認識多少字，母親小學畢業，他在台灣大學畢業後，自費來美留學，打算完成博士後，回台灣做事，就近侍養他的父母，回報養育恩情。

他以他父親爲榮，以他父親能從白手起家，在台北十幾年變成擁有五百多萬房產的富家，感到驕傲。像這個家庭在台灣算是普通家庭。我向他統戰，他說人向富走，中共把大陸的富人都變成了無產，如果你是我，會捨富追窮嗎？在中共制度下，有讓一個白手起家的人，靠努力致富嗎？還是不談好，免傷我們同胞和朋友的感情。

看起來，葉劍英的統戰，只有在把大陸建設富強起來才有希望。問題是大陸不會搞好，因爲共產黨怎麼都搞不好，所以永遠都不會有希望。但是我也發現了新的問題，台灣還有更大的王牌。

台灣的面積小，資源不多，人口密集，爲什麼會在經濟上創造奇蹟，在貿易上成爲美國第七位貿易伙伴，人民過著中國有史以來空前的富足繁榮生活呢？而中國大陸幅員廣，人口多，資源豐富，反而貧窮、落後呢？依我比較，因爲台灣的政治制度比中共的好，台灣的經濟繁榮，自由安樂，只是果而不是因，政治制度好是台灣的王牌之一。

在和台灣留學生接觸中，從他們的言談行動，和台灣的報紙中，可以看出台灣來美留學生，以及在台灣的人，對台灣當局的行政措施，和公務機構及人員，常任意批評。幾個人在一起，七嘴八舌，聽得出各人都是從自己的角度看問題，也可以看出他們人人可以說自己想說的話，照自己的意願選擇工作，不像我們從中國大陸來的訪問學者，不敢公開說出自己想說的話，不敢用本名寫出自己要表達的意思公開發表。

在台灣的人，最使我羨慕的，是他們可以安心的生活，有安全的保障，任何人只要上進努力，都可有好的成就，是處在有相當程度的公平社會中的有福人。

不像在中國大陸的人，任何人都沒有安全感，沒有安全的保障。權勢大如劉少奇、林彪、江青的領導首長，一夜之間，竟被扣上「莫須有」的罪名喪生下獄。整個社會沒有一定的法律保障，任何人隨時都會在不知不覺中被扣上連自己也想不到的罪名。

在台灣一個沒沒無聞的人，參與一次公開競爭的公正選舉後，可以憑他的聰明表達和活動力，贏得多數有投票權人民的好感，投票選舉他，當選各種議會的議員，或者縣長、市長。不像在中國大陸，所有的官吏都是中共委派，做官要查階級成分，查政治思想，完全沒有公開、公正、公平的選舉。再好的人才，如果他的階級和政治成分不合中共黨的要求，根本無出頭之日。

在台灣當選公職的人，大多努力為人民服務，在行政以及立法工作上，求進步求表現，爭取繼續當選。如果他當選後，表現不好，就會被選舉他的人民用不投票選他的方法，使他不能繼續做官，不能再做議員。

不像在中國大陸，大小官員幹不幹鐵飯碗，只要不在權力鬥爭中被扣罪名，沒有人能讓他不繼續做官。

經過選舉出任公職的人，大多是能幹而且肯幹的人，所以台灣的社會進步快，經濟發達。

我聽說台灣的各種政府機關裡，也有一些因私害公的人，但那是少數，在民主政治制度中，不是主流。如果把那些人去掉，或者那些人自己覺悟，改做好人，台灣會更不得了。

就以土地改革來說，在台灣是和平的，有程序的把土地作合理的分配，人人都得到好處。在祖國大陸中共的土改，卻是千萬人頭落地，無數家庭破碎。

造成這種截然不同的原因，是台灣實行的是合乎中國人需要，可使人民致富的三民主義，大陸實行的是馬列毛共產思想的社會主義，是使人民窮苦的主義。

此外，台灣還有一個推動力量，那就是國民黨。依我觀察，它是一個「天下為公」的黨，其領導人從孫中山、蔣介石、到蔣經國，都是一貫為人民為國家服務的人，是可使人民致富的人。國民黨和其領導人，以及滿懷信心的人民，都是台灣有力的王牌。

基本上，中國大陸要擺脫貧窮落後，只有實行三民主義的政治制度，從本質上改造中共組織。否則，任何形式的改變，一切的修正措施，到頭來，都是「鏡中花，水中月，天上的雲」徒勞枉然。

三、台灣由危轉安的關鍵

民國三十四（一九四五）年八月十五日，日本天皇裕仁宣告接受同盟國「波茨坦宣言」規定的條項無條件投降，其中第三項規定履行「開羅宣言」中所規定把日本國竊盜自中國的滿洲（東北四省）、台灣、澎湖及其列島歸還中華民國。八年抗戰終於勝利，收復失土，光復台灣。國父孫中山先生領導的國民革命在台灣被强割失陷的那一年在檀香山組織「興中會」所宣示「恢復台灣，鞏固中華」的誓言實現。

十月二十五日，盟軍中國戰區最高统帥兼國民政府主席蔣公中正任命受降主官台灣省行政長官陳儀來台接受日本台灣總督兼軍司令官安藤利吉投降和移交。

在受降典禮上宣示，從今天起，台灣及澎湖列島已正式重入中國版圖，所有一切土地、人民、政事皆已置於中華民國國民政府主權之下。

自此，台灣從被日本壓榨的殖民地恢復到祖國原來「省」的地位。明令原有我國國籍的人民，從民國三十四（一九四五）年十月二十五日起，應即一律恢復我國國籍。並補選國民参政會台灣省林宗賢等八名参政員；及李萬居等十七名制憲國大代表参加在首都南京國民代表大會制定憲法。

嗣因國共內戰擴大，民國三十八（一九四九）年十月一日，大陸陷共，中共政權（中華人民共和國）在北京成立，國民政府中央機構遷台。

次年，民國三十九（一九五〇）年，一月五日，美國政府杜魯門總統發表「關於台灣問題的聲明」，宣示美國政府不再對在台灣的中國軍隊提供軍事援助和顧問工作。他說：美國政府向來主張在國際關係中應具誠意。美國對中國的傳统政策可以門户開放政策爲例証，要求國際尊重中國的領土完整。此一原則為聯合國大會的決議所重申。在目前局勢下對於台灣特別適用。

並說：在一九四三年十二月一日的「開羅宣言」中，美國總統、英國首相、中國主席曾申明他們的目的是：

使日本竊取中國的領土，例如台灣，歸還中華民國。美國是「波茨坦宣言」的簽字國，「波茨坦宣言」稱：「開羅宣言」之條項必將實施，日本投降也曾接受這個宣言的規定。按照以上各宣言，台灣已經交給了蔣介石委員長。過去四年來，美國和其他盟國也承認中國對該島行使主權。

美國對台灣無掠奪野心，不擬採取任何足以把美國捲入中國內部衝突的政策，美國不擬對在台灣的中國軍隊提供軍事援助和建議。

美國國務卿艾契遜更補充說明，台灣是日本自中國竊去的地方，在「開羅宣言」、「波茨坦宣言」中已載明，是日本接受投降的條件之一。中國治理台灣已四年之久，當台灣改為中國一省時，沒有一個人發出法律上的疑問，因大家都認為那是合法的。

同年一月十二日，他又發表了美國務院所稱「美國基本立場」的演說，在其中「中國的危機」中說：誰破壞中國的统一，誰就是中國的敵人。美國在西太平洋地區的「防衛周邊」在自阿留申群島、日本、琉球（沖繩）、菲律賓群島這一島鍊上，台灣不包括在內。同時，在他的對內外交訓令中指出，台灣陷共，勢將難免，美國因戰略利益和力量有限，不能派兵保護台灣；「共軍控制臺灣」將不會危及美國在遠東的地位。**等於明言，台灣已危不可救，美國決定擺脫軍事同盟，放棄不管了。一時間，島內人心惶惶，台灣危在旦夕。**

爲因應危局，先總統蔣公中正順應民意，以下野之身於民國三十九（一九五〇）年三月一日，在台灣復行視事。宣示決持青天白日滿地紅國旗與台灣共存亡的決心，要誓死保衛台灣，建設台灣爲三民主義模範省。整軍經武，勵精圖治，用由大陸上海、武漢國庫銀行運來台灣的黃金，改革經濟，安定社會，發展教育；軍中行良心檢討，以「明禮義、知廉恥、負責任、重氣節」和「不成功、便成仁」爲軍人基本要求。社會行道德重整，禮義廉恥，蔚成風氣。勤儉節約，克難創造，爲全民的社會運動。

在戰爭時期，猶厲行民主基礎建設，推行地方自治。致全民團結，四海歸心，已至海外的國人，紛紛返台共赴國難。

更因國軍在金門古寧頭戰役、及登步島戰役、兩次大捷，擊潰共軍渡海攻勢，及破獲國防部人事次長吳石以下共黨間諜大案，肅清台共，安定內部，台灣才由危轉安，成爲自力更生，遏阻國際共產世界革命洪流的前衛屏障。奠定了「自由中國」與「共產鐵幕」隔著海峽對峙的局面。

及韓戰爆發，美國主動派遣第七艦隊巡弋台灣海峽，簽訂「中美共同防禦條約」，美國艾森豪總統親來訪華，頁六八的附圖爲其座機降抵台北松山機場，與在機場迎接的蔣中正總統歡見握手時所攝。

其後，民國四十四（公元一九五五）年一月十八日，共軍調集三萬大軍，陸海空軍聯合作戰，傾力向防衛台灣的最前哨一江山島圍攻，守島國軍浴血奮戰，戰況空前慘烈；因敵對雙方兵力懸殊，台灣後援不及，前二日重創共軍，第三天七百二十位守軍官兵陣亡殆盡，指揮官王生明上校戰至最後，引手榴彈自爆殉國，壯烈成仁。史稱「一江山戰役。」

此役國軍爲抵抗共產革命赤禍，保衛自由和人民安全福祉「視死如歸」的奮戰不屈精神和表現，驚天地，泣鬼神，震撼中外。使得當時的台灣民心爲之振奮，北京中樞另眼相看，白宮態度翻轉過來。島雖陷，國民革命軍的「軍魂揚」。

先總統蔣公中正明令指揮官王生明烈士追晉少將，一江山殉國官兵入祀忠烈祠，永懷忠烈。

接着，「八二三」金門砲戰彈如雨下，三位副司令官吉星文中將、趙家驤中將、章傑少將等陣亡，官兵傷亡甚多。當時蔣經國將軍急速冒險乘小艇强灘登上金門海岸，抵達戰地，激勵士氣；先總統蔣公中正在高雄坐鎭運補八吋砲登上金門，抵達砲陣，才成功壓制了共軍的砲擊攻勢。隨即明令吉星文追晉上將，趙家驤追晉上將、章傑追晉中將。入祀圓山忠烈祠，永懷忠烈。

永昭英烈。

在我們享受自由民主富裕的成果時，不可不知或忘記先總統蔣公中正和國軍將士及當時的政府官員和民眾，在拯救台灣脫離日本殖民壓榨，抵抗共產世界革命洪流，使台灣倖免共產階級鬥爭流血土改的浩劫；以及在台灣厲行三民主義民主均富建設，使台灣由戰後廢墟貧窮走向繁榮富裕過程中，所作的關鍵決策，所付的流血犧牲，所經的艱辛險阻的努力和貢獻。尤其不可沒有「時空觀念」，不要以現在的「平時」觀點，看待當時的「戰爭時期、戒嚴時期」的應變措施。享受先賢前人的打拼成果，卻抹煞、否定先賢前人的犧牲貢獻。要用同理心，設身處地，易地易位，以當時的時空處境條件去看待，才不會顯得輕薄膚狂，也才不負祖先傳給我們「吃果子拜樹頭」，「飲水要思源」的高貴品德與教言。

四、西德的登機檢查

張國垣

〈原載民國七十（公元一九八一）年八月十七日中央日報副刊〉

近日報載，一位高級民意代表從台北松山機場，搭國內班機赴高雄，在通過登機檢查時，認為執行檢查工作人員對她的檢查方式不妥，發生誤會。讓我想起了我在西德法蘭克福機場，通過登機檢查的情形，說出來提供國人和這件誤會的當事者的參考。

那是一個晴朗的早晨，德航的 DC10 客機滿載著旅客飛越過蔚藍美麗的愛琴海上空，進入歐洲大陸，在西德的中部法蘭克福國際機場著陸，健美高大的空中小姐在機門口微笑著和旅客道別，我禮貌地回了聲「再見」，跟著旅客們走出飛機，進入航站大廈。大廈內部很大，縱的通道相當長，橫的通道也很多，像走入迷宮。

經過詢問才知道這是西德國際線班機，和國內線班機共用的大廈，到西德其他城市的旅客，在大廈裏面就可以轉機。

於是，我和同行的王君跟著路線的指標，在大廈內由二樓走到一樓，又回到二樓，左拐右彎，走到一個有人把守擋住去路的關卡，這是由國際線區進入國內線區的分界；那位檢查人員遠遠看見我們是東方客，面現緊張神色，速召室內其他人員出來支援；及至走近看見我們背著「華航」標誌的旅行袋，拿著中華民國的護照，是來自台灣的旅客，他們立刻顯得輕鬆許多，微笑著把手一揮請我們過去。

「看樣子他起初可能把我們當成了日本（赤軍連），或東南亞的煙毒販啦！」王君和我不約而同的地衝出這句話。

終於在一條相當長的走廊的一端，找到了標示著我們要轉機去科隆的登機門號碼。

進入登機休息室，已有大約近百位的旅客，坐在那裏靜靜地等候登機；休息室的隔間呈長方形，各種顏色的座位，美觀乾淨，臨機坪的一面，是整幅的玻璃牆，旅客們可以清楚地看到飛機在機坪上的活動。這班往科隆的飛機起飛的時間，預定是上午八時二十分。

開始登機檢查了，旅客們魚貫地排列著通過檢查通道，在檢查通道的入口門框右上方牆上，掛著一塊白底黑字的牌，上面用英文和德文寫著一句意義相同的話，大意是爲了你的安全，請幫助你自己。記得英文是這樣寫的：「please help yourself for your security」。

我看了看牌子上的那句警示語，再看看那些在休息室安安靜靜等候飛機的旅客，有的坐著養神，有的坐著看報，毫無煩躁不耐的表情，旅客中很少東方或有色的人。當時有一種感觸，德國幾乎是個白人國度，西德國民的生活修養，已達到相當的程度。

在通過檢查時，有男女三個檢查員執行檢查，對每一位登機的旅客，作同樣的檢查，除用儀器偵測外，把手提包裡的東西都一一掏出來，連照相機也要你把按扭按拍一下，而且搜模全身，檢查的可說確實。

也許是爲了爭取時間，檢查人很少講話，只是動手，把旅客手提包裡的東西，一一掏出來，搞得亂七八糟，向旁邊一推，由旅客去自行整理。旅客們不論是男女老幼，身分高低，無人口出怨言，也沒有人起來爭執。即使這種旅客和檢查人員合作的快速檢查方法，在檢查完畢飛機起飛時，我看了下腕上的手錶，已是上午九點，比預定時間遲延了四十分鐘。

在飛機上，每個人對飛航安全，顯得很有信心，對剛才通過檢查時翻瓶倒袋，搜身模體，反覺得有一種安全保障的感覺。

這種登機檢查在歐洲旅行期間，還踫上過幾次。當時在慕尼黑機場的登機檢查，是由一隊著制服佩武器的西德陸軍士兵和便服海關人員聯合執行。步入登機檢查區，如臨大敵，連手提包裡的頭髮油瓶也被打開檢查。

其後在法蘭克福機場大廈轉國際線班機通過登機檢查時，親眼見一位中年女檢查員，對乘客疾言厲色，但無人爭辯。

飛航安全是無代替品的，檢查認真才有保障。檢查人員由於作業時間，安全責任，和作業量的負荷，在心理上的壓力是可以想見的。乘客和檢查員若能都以安全爲重，不存「唯我獨尊」的優越心理，誤會應該是不致發生的。

五、台灣現代化的啓元——火車「騰雲」號

大清光緒十一年（公元一八八五年）九月，中法戰爭淡水之役結束後，將原屬福建省管轄的台灣，升格爲台灣省；任命在淡水坐鎭指揮打敗法軍的福建巡撫劉銘傳爲台灣省首任巡撫。

劉銘傳於就任第三年，光緒十三年（公元一八八七年）四月十二日，記取法軍侵擾基隆的教訓，爲了便於用兵，强固國防；暢通貨運，繁榮商務；及解決島內南北交通之大溪橋樑問題，力排眾議，策擬「台鐵奏」上奏朝廷。奉欽定核准採「官督商辦」原則，動用兵工，興築台北至基隆間鐵路計畫，其中獅球嶺隧道工程極爲艱鉅，爲全中國之第一座鐵路隧道。

先期購買德國荷素輪（Hohen11ern）工廠製造的蒸汽機車二輛，一號命名爲「騰雲」、二號命名爲「御風」。於光緒十四年（公元一八八八年）鐵路工程完工後，正式行駛於台北至基隆之間，其後延駛至新竹之間，開啓了台灣現代化的新紀元。劉銘傳名符其實地成了「台灣現代化之父」。

在我們享受現代化生活成果時，不可不知一百一十八年前淮軍名將劉銘傳爲開啓台灣現代化紀元奠基的高瞻遠矚，睿智決策，和排除萬難，艱苦施工；及當時在瘴氣酷暑中參予開鑿獅頭嶺隧道工程辛勞致死的各省官兵的犧牲和貢獻。

劉銘傳曾向友人言，他矢志要「推行新政，以台灣一隅之地的設施，而成爲全國之模範；以區區一島之建設基礎，增益全國之富强」。果然，在他治理下，當時的台灣比日本還富。

他在任內，大力興建鐵路，促進商務；練兵設防，鞏固台澎；開山撫社，促進發展；清理田賦，充實財政；開辦洋務，振興產業；興建電纜，點亮電燈。他所制定的「台灣近代產業開發計畫」，爲其後台灣發展所沿用。

不幸，中日甲午戰爭清庭戰敗，日本指定要割取台灣。光緒皇帝說：「割讓台灣，朕何以主天下。」堅拒不讓。在日本進行的馬關條約談判過程中，日方使盡威脅手段，堅持要割取台灣，中方代表李鴻章被日方好戰分子行刺，左顴骨受傷。在病榻上，李鴻章提出萬言不能割讓台灣理由書，爲日方斷然否定；被强廹簽訂割讓台灣給日本並賠給日本白銀二億三千萬兩的不平等條約——「馬關條約」。

回到北京後，李鴻章覺得對不起劉銘傳，特致函在安徽合肥退休養老的劉銘傳，李在信中說：「割台實有不得已之苦衷，但足下經營之台灣，乃日人最喜。足下之治績，亦將永保不滅，幸安心勿慮。」劉銘傳在看完信後，隨即病倒不起，不到兩個月，就離開人世。其疼惜台灣憂憤痛心的程度，可想而知。

在感念先賢劉銘傳對台灣嘔心瀝血的貢獻時，我寫了一首打油詩，詩云：

甲午戰爭日本勝，強割領土又要錢；
國弱難拒日割台，宰相忍痛簽條約；
無辜台胞遭噩運，被迫爲奴徒乎天；
最是傷心劉巡撫；心血治績全枉然

六、扁政違法公投　民主蒙羞

張國垣

〈原載民國九十三（公元二〇〇四）年一月二十日中央日報全民論壇〉

民主是普世價值，但不是容許魯莽行事的執照。公投是人民的權利，卻不等於民主。國家領導人任憑一己私意，強迫人民照他所設的特定議題、特定時間、特定場景，在政府機關全面的偏頗誘瞞文宣，和資訊不足的條件下，和總統大選同時進行對國是議題的公民投票，顯然是操弄公投，愚騙人民，圖利一己，歪化民主。被歪化的民主，不是民主，是褻瀆民主。

陳水扁總統堅持在三二〇總統大選日，同時舉辦有關主權的「防禦性公投」，明顯是想把單純的總統選舉複雜化，迫使人民不能專心冷靜評審他執政四年的政績和才能，選舉出一位比他好的新總統。

但爲預防三二〇公投導致其後台海情勢失控，引發戰爭，被拖下水，美國堅決反對。即使改變題目爲強化國防買武器，對等談判要和平的「和平公投」，美國也不予背書，並質疑公投的動機，要考慮公投的背景、舉動和影響；不願見公投引發改變台海現狀的政治效應。且明言美國的基本立場是兩岸問題的任何解決方式，只要是兩岸都能接受，美國都同意。美國反對兩岸任何一方改變現狀。如果台灣對中國大陸單方面挑釁，美國不會無條件防衛台灣，美國人民的子弟不爲台灣的挑釁上戰場流血送命。

所以，三二〇公投是陳水扁總統歪曲法律，圈套人民，挑釁中國大陸，圖利自己，危害本國及美國國家利益與區域穩定和平的魯莽獨裁，一意孤行。喊著民主人權，帶著民主面具，身披民主外衣，歪理硬拗，愚惑人民，把「只要我喜歡有什麼不可以」的虛幻妄想，堅持到底。

因此，我們大聲疾呼：

一、把單純的總統大選還給人民，反對公投攪和大選，強誘人民頭昏腦眩，在迷幻中選舉總統。

二、嚴格要求行政院、中選會不要有誘迫人民投票的反民主選務作爲，總統大選領票、投票、計票的流程和空間必須和國是公投的領、投、計票的流程和空間區隔分開。

三、要保持清醒，不中特設的欽定公投圈套，不跟著挑釁玩火，免招戰禍，反被政客嘲笑說「自作自受」；使多年民主成就倒退蒙羞。

四、用人民自己作主不被欽定公投利用的自主方式表達公投。用行動告訴世人二千三百萬中華民國台澎金馬人民有智慧對操弄公投攪和大選，愚矇人民，歪化民主，圖利自己的獨裁行徑表達厭惡，做出糾正。嬴回國際對我國家、人民和民主素養提高的尊敬。

結尾，不禁要說，阿扁總統啊！連任有那麼重要嗎？非靠公投才能得利嗎？你堅持公投與總統大選同時同地辦理，弄得國際大國反對指責，全國百姓迷惑不安，百官爲你打圓場遮羞；可見名利心太重了些，不知彼己，也不知天時地利，更不計人民死活，只爲要搶「歷史的第一次」；公投何其不幸，竟成了被政客用做歪化民主的工具之第一次；使民主蒙羞的歷史第一次。如此的魯莽不穩定，真教人民百姓難以入眠。

七、掌權者狂妄　台灣的悲哀

張國垣

〈原載民國九十三（公元二〇〇四）年八月十三日中央日報全民論壇〉

五二〇後，當政者的權力傲慢，變本加厲，如派江霞掌華視、第一家庭會計師任僑銀董事長、管家之夫任華紙董事長；任命張政雄爲中選會主委，從事台獨人士掌外交、駐日代表；並向美承諾六一〇八億軍購，及前總統府祕書長、前國安會秘書長任內同時不到立法院備詢；外交部在法院未開審前，開記者會宣示總統選舉訴訟驗票可能結果，干預審判；張政雄請示民進黨決定立委選舉投票日等肆無忌憚的作爲。儼然是一人獨裁，一黨獨大，行政獨霸。致立法的制衡，監察的監督，司法的功能，如同虛設。

不幸，民主已形存實亡，國政急速沉淪，社會動亂不安，戰爭危機隱現，財政嚴重惡化，人民愁苦難言。而當政者視國政如兒戲，如政變說、遷都說、閉嘴說、台灣中華民國說、矮黑人說、移民開墾說、選邊說等，口不擇言，喪邦傷民，無不表露心虛輕狂，無知無情的權力傲慢。

大選前，用盡行政資源，壟斷資訊文宣，操作槍擊總統，愚騙人民。大選後，續持「成王敗寇」封建心態，公器私用，以執政威權，打壓媒體；以御用國師、名嘴，顛倒黑白，助當政者掩過飾非，愚惑人民。

敏督利豪雨土石流造成中投高縣山崩橋斷，屋毀村淹，災民愁苦欲絕。詎料，陳水扁總統視若無睹，全心爲民進黨高雄市議員民進黨候選人站台助選。

爲什麼中選會所公告得票率四成八未過總投票半數的總統，會如此傲慢狂妄？莫不是其認爲人民健忘可愚，司法不須顧慮，只要掩飾真相。

此種作爲，是國家的不幸，台灣的悲哀，民主發展的壞榜樣，人民苦難的根源所在。

因此，爲了救民主、救台灣、爭生存、要和平、爭未來、伸公義、維護自由人權，我們對二〇〇四總統選舉的選務操作，和槍擊總統的始末因果，必須堅持追求真相到底。

唯有如此，才能使不公不義現形，違法弊端不再倖逞重演，遏止獨裁腐化於始發，民主回歸正道，法治彰顯，自由人權獲保障，和平有望，人民安居樂業。

八、扁搞台獨　玩弄史料　欺騙人民

張國垣

〈原載民國九十四（公元二〇〇五）年十一月二十八日中央日報焦點話題並經國是評論特載〉

我參加了北區高中歷史課程綱要草案公聽會，沒機會發言，因爲發言是先安排好的，發言的人附和著草案發言。

有一位在發言中脫稿說了句「既然綱要有關台灣地位未定爭議太大，如急趕著施教，真擔心如馬英九所說會使孩子們精神分裂，難以適應。」立遭其他人大聲斥責「胡說八道」。還有人照稿發言說「國父不是孫中山」，經主持人提醒他陳總統最新說的是「國父就是孫中山」後才坐下。

大部份的發言時間，都被三位主持人占用了。結束時，靜坐在前排一位姓賴的青年站起來大聲抗議主持人周樑楷只讓附和草案的一邊發言，遭到附和者惡言相向，但在眾媒體前不敢有動粗行動。

會場氣氛完全沒有學術的、理性的、民主的討論空間。彷彿時光倒流，感受到中共因領導人自私無知發動「無產階級文化大革命」，讓「紅衛兵」橫行霸道，造成十三億人民空前苦難的場景，重現眼前。

很不幸，我們這邊，一場更爲自私無知的「台獨分子文化大革命」風暴正在加速進行，「綠衛兵」更是目中無人，後果不堪想像。

所謂召開「公聽會」，只是讓綱要草案在程序上「走過場」的欺世花招；其實是關起門來自己爽，自欺的瘋狂。無視台獨必定引發戰爭的危險，也不知台獨在法理上、客觀現實上都是「鏡中花」般的虛妄。

因爲自一九四五年日本接受波茨坦宣言（Ploclamation Defing Terms）應爲公告，無條件投降，依宣言第八條規定，必須履行開羅宣言（Conference）的條項「將日本從清朝盜取的滿洲（東北四省）、台灣、澎湖島所有的土地歸還中華民國」之日起，台灣就已經確定「物歸原主」了。並在日本與中華民國和約二、四、十條中載明。

再看一九七二年「日中共同聲明」文件中明載「對於中華人民共和國所鄭重聲明台灣是

中華人民共和國領土不可分的一部分之立場，日本政府十分理解、尊重、堅持波茨坦宣言第八條的立場。」及一九七八年「日中友好平和條約」第一、二段明載兩國確認必須嚴格遵守前記「日中共同聲明」所揭之諸項原則，就更明確證明綱要草案所列「中華民國接受台灣的依據與爭議，開羅宣言及波茨坦宣言之效力檢討」，是故意隱瞞日本把台灣物歸原主的法律和事實確定無疑的真相，玩弄史料，意圖幫助台獨人士圓謊，爲其所說一九五一年舊金山和約日本放棄對台灣權利，未表明交給誰，台灣地位未定和外來政權等天大的不實謊言，虛擬說謊空間，以詐欺手法，繼續誤導人民被其愚騙成痴發狂。

課程綱要切斷了中華民國和台灣的關係，把中華民國當成外國，分別寫史，在台灣史中把原來按年代順序編列的「明朝鄭成功治台時期」「清朝治台時期」，「中華民國時期」都刪掉不列，只列「日本治台時期」，且對日本殖民統治台灣的暴虐及帶給台灣的戰爭災禍，輕描淡寫，對日本偷襲珍珠港、併琉望台的的心態無知，媚日的程度反常失格。

簡言之，此一高中歷史課程綱要草案，不是客觀的歷史教材，是一本消滅中華民國的台獨政治教材，玩弄史料，隱瞞真相，假造歷史，顛倒黑白，愚騙人民，貽笑國際；成年人都會感到錯亂，高中以下孩子怎能不精神分裂，難以適應。

因此，大聲疾呼：有受高中以下教育孩子的父母親家長們，趕緊站出來搶救孩子，阻止教育部胡作非爲。並呼請陳水扁總統，饒了孩子吧！

有一個人曾說，誰消滅中華民國，誰就是二千三百萬人民公敵。亡人國者，先亡其史，把中華民國歷史斷裂，在台灣史中造假的人該當何罪。

九、豈能虛擬圓謊戕害下一代！？

張國垣

〈原載民國九十四（公元二〇〇五）年三月十八日中央日報全民論壇〉

我參加了教育部訂定國民中小學九年一貫課程綱要，「七至九年級社會學習基本內容」草案，在台北市舉行的公聽會，草案資料於入場時提供。

資料顯示，教育部是要把現行的國民中小學九年一貫課程綱要採行的「一綱多本」的教科書多元化政策，改變爲特定意識形態的教科書一元化政策。並趕急著要在九十五學年度起就倉卒施行。會中有一位發言者說，這個「學習領域基本內容」草案，是以統治者的意識形態和觀念，強制向我們全國未成年的國中孩子灌輸施教，有違「一綱多本」的政策精神，比批評「過去以單一聲音爲尙的舊習」還要過分，是大開教改的倒車。

更荒謬的是編寫原則區分的「地理」、「公民與社會」、「台灣史」、「中國史」、「世界史」、五大課目內容中，竟把迄今屹立九十四年歷史的中華民國完全消除不見；基本內容分主文和附錄，在主文的「人與時間」主題單元中，列有「海權競爭的時代」、「清朝統治下的台灣」、「戰後的台灣」，卻未列中華民國統治下的台灣，且在「日本統治下的台灣」次題單元中，瑣列了很多，卻對台灣被徵參加侵略東亞戰爭的世紀悲傷創痛，隱瞞不提；在「戰後的台灣」次題單元中，首先把被扭曲誇大的二二八事件列入，對台灣光復的背景經過，及台灣從戰爭廢墟窮苦混亂陷共危機轉爲安定康富的關鍵卻未列；列有中華人民共和國成立，卻不提中華民國。在附錄中，把「清朝統治下的台灣」歸列在「傳統社會的建立與發展」主題中，對清朝最早在台灣興建鐵路的現代建設隱瞞未列，把日本「佔據」改爲「統治」，把所列「日本統治下的台灣」，則列在「近代台灣的形成」主題中，並在「個人與國際社會」及「展望」項目中，列出國家認同與國名爭議。

簡言之，此一「社會領域基本學習內容」草案，不是客觀務實的社會教材，而是赤裸裸的台獨政治教材；是爲台獨人士的天大謊言—台灣地位未定及外來政權說，虛擬說謊的空間，並向下一代未成年的幼苗強灌擴散。是教育部長杜正勝在寡頭決策下的違憲、違法、背信瀆職的反民主、反法治、反真實「自欺欺人」的又一次胡作妄爲。

因爲在法理、現實主客觀條件上，台獨都是像「水中月」一般的虛妄，且導向戰禍。爲了替無辜的國中幼苗請命，呼請總統陳水扁對下一代孩子有點愛心吧！也請謝長廷行政院長對戕害下一代的教育部長杜正勝有點作爲吧！

事急矣！呼請全國有受國中教育孩子的父母家長們，趕緊挺身發聲救救你們的孩子吧！並請有監督制衡行政權專橫功能的機構人士和愛國同胞共同制止這場不幸吧！

結語不禁要問，「誰消滅中華民國，誰就是二千三百萬人民的公敵」的話，言猶在耳，扁宋會向世人宣示的十項承諾中「遵守中華民國憲法」及贈送書法字軸的墨跡未乾，教育部就趕急著把中華民國從國中教科書中完全消滅，「真誠」何在。

十、司法改革不應犧牲民衆利益

張國垣

〈原載民國八十四（公元一九九五）年二月九日中國時報時論廣場版〉

近日報載司法院司法改革委員會第二小組就訴訟審級制度作成結論，即在刑事訴訟部分，刑事第二審採事後審原則，並兼採事實審；在民事訴訟部分，改採事實審限於第一審，第二審改為法律審。此項改革令人有「為改革而改革」之印象，並未針對當前司法上存在的重大沉疴、詬病及民衆訴訟遭受的痛苦和民怨之癥結，而是單從司法業務上之方便所作的改變，可以預見民苦民怨將會因此項「改革」更為加重。

因為當前民衆訴訟所受痛苦的根源，不是現行的審級制度問題，而是執法者「人」的問題，如審判不公、扭曲案情、貪贓枉法，致受害者合法權利得不到保障，公理正義不彰，民怨民苦難伸，司法公信受損等。幸有第二審級的事實審制，尚可有所救濟。

但在當前社會風氣敗壞，道德價值觀已被金錢和私利價值觀取代的現實環境狀況下，我國司法審判既無「陪審團」之公意，執法者又乏潔身自愛「法曹」修養之長期鍛鍊，其在對金錢、權力、和私利的操持上，不能自我把持者大有人在；因而在審理訴訟自由心證過程中，怠忽職責、偏袒一方、意氣武斷的情事發生時，有第二審的事實審制存在，不僅訴訟的受害者得有救濟，且可使一審的執法者知所顧忌。

若改採事實審限於第一審，則上述情事發生時，訴訟民眾的權利所受枉法裁判之損害，就更難獲得伸張和救濟。其發展可能使民眾對司法失去信心，弱者走後門，勇者自力救濟；而第一審的執法人員也可能因事實審改爲限於第一審，有所恃而無顧忌，出現上述詬病益趨惡化之現象，結果是未見其利，先受其害。

鑒於「事實審改採限於第一審」之小組結論，與實際狀況脫節甚大，及當前司法問題之核心，在於執法者之品德操守、辦案精神、任事熱忱、和才智能力之提高，而非對現行審級制度之變革，司法應爲民眾權利之維護而存在，不應使民眾權利爲司法業務之方便而承受犧牲。否則，豈非開「民主、法治」倒車，今不如昔。尚請司法改革委員會各位委員三思而行。

十一、養生健體長壽要訣

身體健康是幸福之本，若不健康，有富貴也不能享；若是健康，人生會有無限的可能。依我七十五年來的親身體驗和從古今中外醫學保健叢書、專著、專欄中，綜合得來的強健身體養生長壽的要訣，摘選其中普遍適用，易行有效的，記述出來，供大眾分享，期能對健身有益，病患減少，節省健保資源，有助長壽幸福。列述如左。

（一）乾隆（八十九歲）的養生四訣

吐納肺腑，活動筋骨，十常四勿，適時進補。

所謂「十常」，即齒常扣、津常咽、耳常彈、鼻常揉、睛常動、面常搓、腹常運、肢常伸、肛常提。

所謂「四勿」，即食勿言、臥勿語、飲勿醉、色勿迷。

（二）陳立夫（一〇二歲）的（四十八字養生真訣）

養生在動，養心在靜。飲食有節，起居有時。物熟始食，水沸始飲。多食果蔬，少食肉類。頭部宜冷，足部宜熱。知足常樂，無求自安。

（三）健身十字訣

常做手指操，皮膚氣色好。

手指操法有三：

其一、將兩手指頭相對拍，刺激全身各部神經和血液循環，增進皮膚氣色健康，容光煥發。

其二、將兩手掌心相對拍，較手指頭對拍的效果要大，且拍得越實越重越好。惟因拍掌聲擾人，須在空曠人少之處行之較宜；不像指頭對拍，隨時隨地可行的方便。

其三、將手握成拳頭，再迅速張開，張開時，手掌儘量展開，手指儘量伸直；手臂置於前身，兩手鬆垂，讓雙手激烈抖動一分鐘後，立即舉高至頭上，數到十再放下；用左右手姆指，相互按摩，從手掌心到手背面，從手腕到手指。可促進血液循環，雙手美觀富有彈性。

三法中前二法在中醫師侯秋東著「拍手功治百病」中有更專業詳細的解說。

（四）健身三言訣

吃得巧，睡得飽，心情好。

「吃得巧」就是飲食要均衡化，簡單化，技巧化。

主食：白米白麵以外，改食部分糙米飯，或全麥麵包。澱粉可以香蕉、蘋果、碗豆、玉米、馬鈴薯、山藥、南瓜、代替。應知過度食用麵包類會致腦部缺氧狀態。

副食：葷類少吃一半，增加豆類，蔬菜的分量。少用油、鹽、糖，吃水煮青菜。

湯：湯應在飯前喝，以免沖淡消化，造成消化或吸收不良。

水果：各類水果要在兩餐間食用，因它容易發酵，腐爛。瓜類水果要單獨食用，有助快速消化。

吃西瓜得小心，下午三點以後吃西瓜，有礙身體調和。晚餐吃飽時，吃過多西瓜，會因胃無法消化而生脹氣，甚至會壓迫心臟，在夜裡引致猝死的意外發生，不可不知。

分量：早餐像國王，午餐像王子，晚餐像貧民。

「睡得飽」，就是沒有失眠的煩惱。其做法：

一般而言，在晚飯後過四十五分鐘，做二十分鐘的有氧活動，保持體內鈣質不致流失。睡前結束思考問題，告訴自己「今天的事到此時爲止，要睡覺了，什麼也不要想。」閉上眼睛作一個深呼吸跟著慢慢地吐氣入睡，直到自然醒。有失眠症者，不妨試試。

前述有氧健行活動，如因空間狹小不方便做，可試做「拉伸筋骨」活動，其做法是：

1挺胸立正，眼向前看，兩臂下垂，雙膝前傾，蹲馬步；兩手由外向內虎口朝腹，置於大腿膝上。眼睛隨上身徐徐向左轉往後看，稍停八秒，再由左轉向正前面看，稍停三秒。眼睛再隨上身徐徐向右轉往後看，稍停八秒後，由右徐徐轉向正面前看，回復蹲馬步狀，稍停三秒。重複作八次，以拉伸脊背筋骨。

2挺胸立正，眼向前看，雙臂自然下垂，蹲馬步；上身骨架逐節徐徐前傾，頭頂向下，兩腿挺直，手指頭朝腳面，雙臂儘量下垂。稍停數秒。雙臂由內向外吸氣鼓腹，徐徐向上挺胸伸腰立正；隨即雙臂由外向內徐徐下垂吐氣收腹，手指頭朝向腳面，儘量下垂。重複作八次。以拉伸胸腹筋骨。

3挺胸立正，眼向前看，雙臂自然下垂，蹲馬步；右手隨臂向右臀部後伸，同時，眼睛隨左臂手指向右方上升至右肩膀高往後看，稍停數秒；左手臂由右上轉向前經胸前向左下垂向左臀股後伸，同時，右手由右臀股後轉前上升經胸前眼睛隨右手指向左上升至肩膀高往後看，稍停數秒；左手由左臀股後向前轉至腿側，同時，右手臂由左上轉經胸前向右下至腿側，呈雙臂併垂馬步狀。重複作八次，以伸筋骨

4挺胸立正，雙手置背後托腰，頭隨上身仰面向後傾，約十五度，稍停；再徐徐回復立正挺胸，雙手作下垂狀；重複作八次，以拉伸腰部筋骨。

「心情好」，就是想得開，輕鬆愉快。其做法：

把遇到的難題和壓力，當作是挑戰和機會，抱著「把壞事變爲好事」的態度去面對，設身處地，客觀務實的去作易位分析和理知處理。作最壞的打算，做最好的努力和期待；不要患得患失，心情就會放得開，轉爲輕鬆好些。

（五）預防感冒六言訣

預防感冒有訣竅，不觸病毒最重要；避觸病患常洗手，避打噴嚏和咳嗽；室內氣暢外聚免，睡足食衡運動先。

（六）解除抑壓的方法

精神抑壓，中年大忌，必須及時解除，其法如下：

（1）、調整期望（2）、自我寬心（3）、轉移情緒　（4）創造環境（5）、加強修養

（七）抗癌延壽的五要訣、六方法、十要點

五要訣：（一）、知足常樂（二）助人爲樂（三）、寬容至樂（四）讀書爲樂（五）、自得其

樂

六方法：（一）、迎朝陽（二）、賞花草（三）、聽音樂（四）觀山水（五）、散散步（六）、睡好覺

十要點：（一）環境清新（二）營養均衡（三）、飲食衛生（四）、禁菸少酒（五）、喝奶飲茶（六）、避免烈晒（七）體重正常（八）、身體清潔（九）適當運動（十）、吐納禪座

情緒與癌症是相互影響的，不良的精神因素不但促使腫瘤的發生，還影響癌症的治療進展和預防。德國海德堡癌症研究所，調查了八千名癌症病人。發現他們在發病前都有相當一段時間有過孤獨失望懊喪等情緒。（摘自孫安迪免疫學博士專欄——樂觀進取、抗癌延壽）

（八）莊淑旂宇宙體操法

宇宙操是莊淑旂博士綜合中醫基礎，西醫病理和臨床經驗所創。王永慶（九十一歲）勤練後，身體十分健康，還可領導企業。

做宇宙操，頭要抬高，眼睛看著天，打赤腳，足部完全與土地結合。此一天、地、人結合的體操，不斷勤練，可以取得身心的平衡、愉快，心情的舒服、清朗。其作法：

預備動作

1背靠牆，腳跟、小腿、臀、肩和頭部都要緊靠著牆站立，下腹緊縮，眼睛向高處望去。

2雙手用力地向前伸直、合掌、高度要比肩膀高，要用力，使肩膀有震動感覺。然後雙手

分開，手臂用力地靠牆，比肩高。以上動作重複八次。

3保持著1的姿勢，重複2的動作，將伸出的雙手，改爲手心向下八次。再將手心向外八次。如此準備體操的預備動作就算完成了。

體操動作

1布條放在頸後，兩腳併攏，肩部放鬆，力量集中在大腿與足尖，腳根骨腱伸直。以雙手姆指夾住布條，布條在虎口間。

2雙手夾住布條自頸後繞過頭部向前伸直，比肩稍高，手掌張開，掌心朝上，讓布條垂放在雙手虎口。

3握緊雙手，握時要用力將手指關節一節節握緊。

4雙手由內向外扭轉，不彎曲手肘將布條拉直，以刺激平常不用的肌肉。

5雙手向上伸直，身體微向後仰，臉向上看，牙根咬緊，嘴唇緊閉。

6腳尖墊起，一步一步慢慢地往前直線行走，走時腰打直，縮小腹，夾緊，初由十步開始，漸進爲六十步。以早晨及飯前三十分鐘爲最佳。

淋巴阻塞是造成癌症的原因，做宇宙體操可拉伸淋巴結，讓淋巴暢通，抑制癌細胞的形成。（摘選自莊靜芬著怎樣吃最健康）

（九）飲酒十誡

飲酒不當，傷身誤事。應切記警誡，可保健康平安。

（一）空腹又沒下酒菜時不要喝酒。（二）不可喝急酒，要淺斟慢酌。（三）疲倦或心情不好時要避免喝酒。（四）不要喝過量的酒，要讓肝有休息的時刻。（五）喝烈酒時。要先稀釋或加冰塊。（六）不要爲自己找藉口喝酒，也不要爲逞強而乾杯。（六）不要強迫別人或被強迫喝酒。（八）晚上十二點以後不要喝酒，免將酒醉留到明天。（九）服用安眠藥、鎮靜劑、糖尿病藥物時，絕不可以喝酒。（十）若發生很想再喝時，顯示有追酒跡象。必須立即停止飲酒。

（十）健身「一步操」

在狹小的生活空間裡，不能任意伸展運動，要想健身，「一步操」最爲適用。其操法是：先挺身立正，兩臂下垂，再左手向前擺，抬右腿出右腳，向前跳一步，左腳跟進雙腳併攏後，由左向後轉立正；再左手向前擺，抬右腿出右腳向前跳一步，左腳跟進雙腳併靠後，由左向後轉立正。如此重複來回跳動，直到汗流夾背，達到運動效果；有助健身養生，容光煥發。

此操得自一位八十高齡受刑人，於假釋出獄後，與故舊同儕友好餐聚時，因其氣色健康，容光煥發，令生活自由的在座同儕大感驚異。相詢之下，始知其自入獄之日起，即決心在狹小的生活空間裡，絕不懷憂喪志，要樂觀奮鬥，自強不息，每天用跳過去跳過來的「一步操」

健身出汗；三年間，從未間斷的結果。

可知，健身養生之道，各種功法要訣有百種以上，除須專業功夫教師指導的健身功術外，普遍適用，易行有效的健身養生體操，其能否成功，不在運動場地的大小好壞，養生保健方法的優劣難易，而是在各人對健身養生的實踐決心和毅力有恆。

（十一）保健的里程碑與保健品

國際「維多利亞會議」在宣言中宣示了保健的三個里程碑：（一）平衡飲食（二）有氧運動（三）心理狀態，和六種保健品：（一）綠茶（二）紅葡萄酒（三）豆漿（四）酸奶即優格乳（五）骨頭湯（六）蘑菇湯

聯合國提出個口號：「千萬不要死於無知」。很多人死於對保健的無知，因為我們天天處於不健康、次健康狀態。讓我們從保健的三個里程碑說起：

（1）平衡飲食：首先應知飲料中那些是有治療疾病作用的保健品，那些不是，如「可口可樂」只能解渴，沒有保健作用。在會議中定出的保健品列述如下：

1綠茶：含有茶坨酚是抗癌的，每天喝四杯綠茶，癌細胞不會分裂。即使分裂，也可推遲九年以上。含有氟，能固牙齒，消滅蟲牙、菌斑。含有茶甘寧、提高血管韌性，使腦血管不易破裂。

2紅蘿蔔酒：含有「逆轉醇」，能抗衰老，也是氧化劑，不得心臟病；防止心臟猝停。有

高血壓的、血脂高的、吃過大、過硬、過粘、過熱食物的三種人，心臟會猝然停搏。

3豆漿：豆漿是大豆所做，大豆是營養之花，豆中之王，至少有五種抗癌物質，異黃酮可防治乳腺癌。豆漿裏含的是寡糖，亞洲人百分之百吸收，還含有鉀、鈣、鎂等，且所含鈣量比牛奶含的鈣量多，牛奶裏含的是乳糖，亞洲人百分之七十不吸收乳糖，牛奶沒有抗癌物質。

4酸奶：酸奶就是優格乳，其功能是維持體內細菌的平衡，使有益的細菌生長，有害的細菌消滅，可以少生病。

5骨頭湯：骨頭湯裡有琬膠，能延年益壽。現在世界各國都有骨頭湯街。

6蘑菇湯：蘑菇能提高免疫功能，喝蘑菇湯可提高免疫力，所以是保健品。

此外，還有些對保健無益和有益的食物，列述如左：

漢堡包：西方人叫垃圾食品，又稱偏激食品，食後結果是身體上下一般粗，像行李捲一樣。

穀類：穀類裏列第一的是玉米（玉蜀黍），稱作「黃金作物」。含大量卵磷脂、亞油酸、穀物醇、ＶＥ，所以不發生高血壓和動脈硬化。每天喝玉米粥，可使體力充沛，精神飽滿，聲音洪亮，底氣十足，臉上沒有皺紋。

菜類：**胡薯蔔**是保護粘膜的，長期吃不易得感冒。在我國「本草綱目」裏說是養眼菜，夜盲症吃了就好。也是美容菜，養皮膚、養頭髮、養粘膜，有健美和抗癌作用，再多高溫度，營養也不會損失。

蕃茄：俗稱西紅柿。可以防癌，吃了不得子宮癌、卵巢癌、胰腺癌、膀胱癌、前列腺癌。但是生吃沒有效用。因爲蕃茄裡面含有茄紅素，和蛋白質結合在一塊，周圍有纖維素包裹著，很難出來；必須加溫到一定程度才能出來，產生防癌效用。所以蕃茄炒蛋、蕃茄湯、蕃茄雞蛋湯，都可收防癌效用。切記生吃是不生抗癌效用的。

大蒜：有抗癌功能，吃時要切成一片一片，空涼十五分鐘，讓它和氧氣結合後產生大蒜素才抗癌，且是抗癌之王。有蒜味時，吃點山楂，嚼點花生米，吃點好茶葉就沒味了。

黑木耳：有使血不粘稠的功能。矮、粗、胖的人易患高凝血稠，以致心肌梗死。

花粉：可防治腎功能衰退、尿血、腎腫瘤，暢通腸道，維持體型健美，但花粉必須是經「處理、消毒、脫敏」過的。

小魚：小魚蝦富有活性物質，連頭帶尾吃，可以長壽。買魚並不是大的就好。

螺旋藻：海藻中的螺旋藻，能補充維生素，它的營養特別豐富，也最全面，分佈最平衡；它一克等於一千克各種蔬菜的綜合。太空食品全是螺旋藻，據喜愛食用的日本食者說，八克螺旋藻可以維持人的生命四十天。最大的優點是使糖尿病人不得合併症（併發症）。由於螺旋藻是乾糖，攝入乾糖後不需吃糖就有了能量，同時，血糖值可趨穩定逐漸停葯，再逐漸停螺旋藻，最後不需飲食控制；歐洲已經完全戰勝糖尿病。只要配合治療，我們也可做到。

藻復康：螺旋藻經提煉後的很小點叫藻復康，有抗輻射的功能，常在電腦前工作的人，可以滴一點藻復康抹上，或吃藻復康，可以抗輻射、抗腫瘤、抗氧化，而且提高免疫力。

預防輻射的方法有四：1喝綠茶，2吃青菜蘿蔔，3吃螺旋藻，4吃藻復康。其中以藻復康為最好。視自己的經濟條件任取一種方法都可。

（2）有氧運動：

老年人不要早上做運動，傍晚在飯後四十五分鐘再做運動，二十分鐘散步就可以了。至於睡覺，早上六點起床，如昨晚沒睡好，應在午飯後半小時，午睡一小時補充睡眠。晚上十點至十點半上床就寢，深睡三小時（十二點—凌晨三點）。睡前，洗個熱水澡，四十至五十度，會使睡眠的質量高。

（3）心理狀態：若心理狀態不好，吃營養，做運動都是白費，因為一生氣，血液流得久慢，容易得腫瘤。所謂「生氣容易得腫瘤」，全世界都知道。（摘自美國史丹佛大學營養學教授齊國力應邀在北京的演講）

十二、照片選憶

中央日報　星期三

臺灣的王牌

丈中

此文為作者從西德返國後有感而寫。

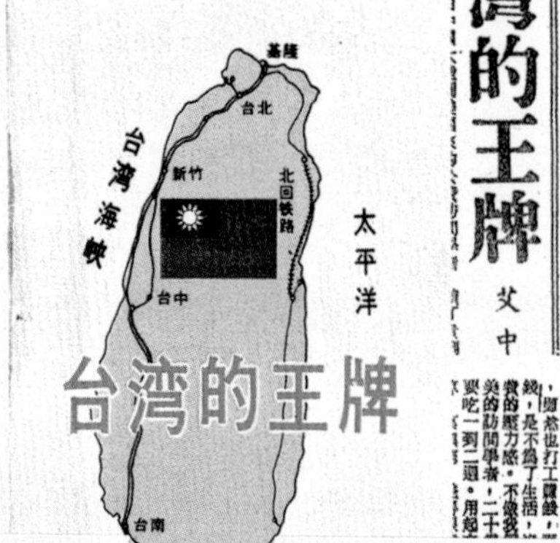

业，他在台湾大学毕业后，自费来美留学，打算完成博士后，回台湾做事，就近侍养他的父母，回报养育恩情。

他以他父亲为荣，以他父亲能从白手起家，在台北20几年变成拥有 500 多万房产的富家，感到骄傲。像这个家庭在台湾算是普通家庭。我向他统战，他说人向富走，中共把大陆的富人都变成了无产，如果你是我，会捨富追穷吗？在中共制度下，有让一个白手起家的人，靠努力致富吗？还是不谈好，免伤我们同胞和朋友的感情。

看起来，叶剑英的统战，只有在把大陆建设富强起来才有希望。现在搞统战，真是花了不少时间，没有一点希望。问题是大陆不会搞好，因为共产党怎么都搞不好，所以永远都不会有希望。但是我也发现了新的问题，台湾还有更大的王牌。

台湾的面积小，资源不多，人口密集，为什么会在经济上创造奇迹，在贸易上成为美国的第七位贸易伙伴，人民过着中国有史以来空前的富足繁荣生活呢？而中国大陆幅员广，人口多，资源丰富，反而贫穷、落后呢？依我比较，因为台湾的政治制度比中共的好，

西德的登機檢查

張國垣

中華日報　星期六　民國六十八年四月八日

德意志博物館參觀記

□張國垣□

中國時報　中華民國八十四年二月九日

司法改革不應犧牲民衆權益

張國垣／北市（法律學者）

中央日報 中華民國九十三年十一月二十八日 星期日

焦點話題

[illegible]

扁搞臺獨 玩弄史料、欺騙人民

●張國垣／法律學者（北市）

我參加了北區高中歷史課程綱要草案

級文化大革命」讓「紅衛兵」橫行霸道，造成十三億人民空前苦難的場景，嚴

年「日中共同聲明」文件中明載「對於中華人民共和國祈都重昭明監督是中華

明朝鄭成功治臺時期」、「清朝治臺時期」、「中華民國時期」都刪掉不列，

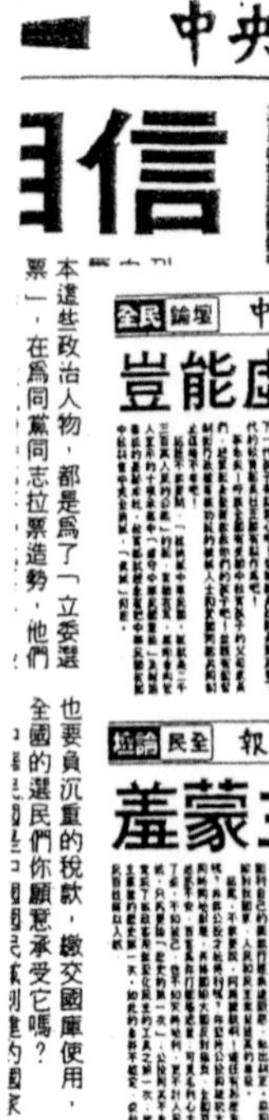

本這些政治人物，都是為了「立委選票」，在為同黨同志拉票造勢，他們

也要負沉重的稅款，繳交國庫使用，全國的選民們你願意承受它嗎？

的「常識」。他認為事實上林玉体的常識遠遠比許倬雲

全民論壇 中央日報 ⑨

豈能虛擬圓謊戕害下一代!?

●張國垣／法律學者（北市）

[illegible]

全民論壇 中央日報 ⑨

扁政違法公投 民主蒙羞

[illegible]

全民論壇 中央日報

臺灣的悲哀 掌權者狂妄

[illegible]

聯合報

引爆228人物 林江邁母女紀錄片首映

「阿兵哥買菸，被誤會要鬧事」影像探索其後遭遇與心境轉折 北市文化局補助 楊渡拍攝

當年小女兒

[illegible]

聯合報 中華民國九十六年一月四日 星期四 焦點 B2

國際機構一致唱衰台灣經濟

國際貨幣基金、亞銀、英國經濟學人…都認台灣是今年亞洲國家經濟成長率最低者

【記者許玉君／台北報導】亞洲開發銀行（ADB）日前發布對亞洲各國今年最新經濟預測，預估台灣今年經濟成長率僅4%，在亞洲十一個新興國家敬陪末座。

其實，不只是亞銀，去年九月國際貨幣基金（IMF）公布亞洲各國今年經濟預測以來，各國際機構陸續發布的經濟預測，全都看對台灣今年的經濟表現不樂觀，不但比不上各東亞新興國家的亮麗成績，也在昔日的亞洲四小龍中敬陪末座。

這些國際機構一致唱衰台灣是今年亞洲國家經濟成長率最低者，包括：有國際經濟規格的國際貨幣基金、聯合國系統的亞銀，到具全球學術權威性的英國經濟學人、環球透視機構，還有從市場角度出發的海外投資銀行聯合國際IIF。

經建會副主委葉明峰表示，其實經濟成長率在3%到6%之間，都算是中度成長，依照這個標準，台灣已經進入中度成長階段，雖然在四小龍中的成績偏低，但差距並不大，他認為，不需要對這些預測數字太斤斤計較。

亞銀最新預測指出，去年東亞國家受出口與國內需求持續強勁成長之賜，平均經濟成長率達4.9%，創下1997年亞洲金融危機後的新高點；展望今年情況，東亞地區的經濟成長速度，將因美國、歐元區、日本與中國的成長趨緩，明顯下滑至4.4%。

其中，在亞洲四小龍方面，亞銀預測，今年新加坡經濟成長率5.3%，香港5.2%，南韓4.6%，台灣4%，台灣連續二年排名居末，主因是卡債風暴影響民間消費。

國際機構對台灣今年經濟預測

	GDP預測	排名
國際貨幣基金	4.2	亞洲四小龍之末
亞洲開發銀行	4.0	東亞十一國之末
英國經濟學人	4.2	亞洲四小龍之末
環球透視機構	3.6	亞洲四小龍之末
國際金融機構	3.8	亞洲八個主要國家之末

單位：百分比（%） 製表／許玉君

亞銀對東亞十二國今年經濟預測

	經濟成長率（GDP）預測
中國大陸	9.5%
越南	7.6%
寮國	6.5%
柬埔寨	6.4%
印尼	6.0%
新加坡	5.3%
菲律賓	5.3%
馬來西亞	5.3%
香港	5.2%
南韓	4.6%
泰國	4.5%
台灣	4.0%

資料來源／行政院經建會 製表／許玉君

二十年前蔣經國總統主政時，創造台灣經濟奇蹟（成長率高，物價指數低），爲亞洲四小龍之首，居新加坡、香港、韓國之前。

政黨輪替，陳水扁總統主政七年，民國九五（二〇〇六）年，台灣經濟成長率居四小龍之末尾，落在韓國之後。

國際各機構預測二〇〇七（民國九六）年，台灣經濟成長率爲4o／o居亞洲十二個國家地區之最後（第十二）名。遠落在菲律賓的經濟成長率5、3o／o之後。

同胞們！快從編織的虛無幻夢政治迷思中醒來吧！

經濟不好，民不聊生時，在國際還有尊嚴嗎？不要讓世人笑我們是執迷不悟，「自作自受」了啦！

新聞切片

政客短視近利 葬送台灣錢景

本報記者許玉君

台灣以經貿立國，在強鄰不止息的欺壓下，國際地位渺小得可憐，連擁有正式資格的WTO會員名稱都被迫一改再改，不斷減少的邦交國數量，更是讓有關當局臉上無光，唯一能讓台灣繼續在國際社會中發光發亮，依然占有一席之地的籌碼，就是不斷再創新猷的經濟表現。

台灣從原始的農村經濟，逐步轉型到重工業、輕工業，到一九九〇年的高科技產業，一步一腳印地締造了讓世界驚艷的經濟奇蹟，「台灣錢淹腳目」，象徵著台灣經濟曾有的輝煌年代。

無奈的是，台灣政治卻擺脫不了短視近利的歷史宿命，「世界以台灣爲中心」的傲慢心態，讓許多政客在島內殺得血流成河，卻對於無謂內耗戕害國家經濟的惡果視若無睹。

台灣經濟從以往的高度成長，逐漸落於鄰近國家之後，連續兩年落居亞洲四小龍之末，國際競爭力一年比一年退步，原本全球第14大貿易國的地位，逐年下滑到去年掉至第16大的局面，國內廠商爲了生存，寧願「以腳投票」，揮別土生土長發源地，擁抱新身份，希望不再受政府限制。

想想今年底的立委選舉，明年初的總統大選，台灣的未來，到底會像愛爾蘭一樣，浴火重生、再創高峰，還是會菲律賓化，犧牲大好經濟前景，沉迷於政治惡鬥的困局之中，答案顯然呼之欲出。

臺灣鐵路第一號蒸汽機車：「騰雲」號

「騰雲」號是臺灣鐵路歷史上第一部蒸汽機車。西元1887年（清光緒十三年）由德國荷索倫（Hohenzollern）公司製造。同年臺灣巡撫劉銘傳興築臺北至基隆鐵路時自德國購入。同時尚購入另一部同型車「御風」。1888年「騰雲」號開始行駛於臺北至基隆之間。1924年「騰雲」、「御風」同時廢車退役。「御風」號於1928年解體變賣，「騰雲」則於同年交由博物館保存陳列至今。

「騰雲」號原設計用於修築工事，不設煤櫃，速度慢且牽引力不大。原車煙囪呈直筒形，因行駛噴出的煤灰火星過大，1906年遂將煙囪上端改為現在的鑽石形狀，此後一直保持這個造型至今。

其後，「騰雲」號的煙窗頂端
由直桶式改爲鑽石形

The name"Teng-Yung"means"Mounting on the Clouds"

The name"Yu-Fong"means"Riding the Wind"

國立臺灣博物館

台灣現代化的啓元——火車「騰雲」號

台灣現代化的啓元——火車「騰雲」號

大清光緒十一年（公元一八八五年）九月，中法戰爭淡水之役結束後，將原屬福建管轄的台灣，升格爲台灣省；任命在淡水坐鎭指揮打敗法軍的福建巡撫劉銘傳爲台灣省首任巡撫。

劉銘傳於就任第三年，光緒十三年（公元一八八七年）四月十二日，記取法軍侵擾基隆的教訓，爲了便於用兵，強固國防；暢通貨運，繁榮商務；及解決島內南北交通之大溪橋樑問題；力排眾議，策擬「台鐵奏」上奏朝廷。奉欽定核准採「官督商辦」原則，動用兵工，興築台北至基隆間鐵路計畫，其中獅球嶺隧道工程極爲艱鉅，爲全中國之第一座鐵路隧道。

先期購買德國荷素輪（Hohenllern）工廠製造的蒸汽機車二輛，一號命名爲「騰雲」，二號命名爲「御風」。於光緒十四年（公元一八八八年）鐵路工程完竣後，正式行駛於台北至基隆之間，其後延駛至新竹之間，開啓了台灣現代化的新紀元，劉銘傳名符其實地成了「台灣現代化之父」。

在我們享受現代化生活成果時，不可不知一百十一八年前淮軍名將劉銘傳爲開啓台灣現代化紀元奠基的高瞻遠矚，睿智決策；和排除萬難，艱苦施工；及當時在瘴氣酷暑中參予開鑿獅頭嶺隧道工程辛勞致死的各省官兵的犧牲貢獻。

劉銘傳曾向友人言，他矢志要「推行新政，以台灣一隅之地的設施，而成爲全國之模範；

以區區一島之建設基礎，增益全國之富強」。果然，在他治理下，當時的台灣比日本還富。

不幸，中日甲午戰爭清庭戰敗，日本指定要割取台灣，光緒皇帝說：「割讓台灣，朕何以主天下。」堅拒不讓。在馬關條約談判過程中，日方使盡威脅手段，堅要割取台灣，中方代表李鴻章被日方好戰分子行刺，左顴骨受傷。在病塌上，李鴻章提出萬言不能割讓台灣理由書，爲日方斷然否定；被強迫簽訂讓台灣給日本並賠給日本白銀二億三千萬兩的不平等條約——「馬關條約」。回到北京後，李鴻章覺得對不起劉銘傳，特致函在安徽合肥退休養老的劉銘傳，李在信中說：「割台實有不得已之苦衷。但足下經營之台灣，乃日人最喜。足下之治績，亦將永保不滅，幸安心勿慮。」劉銘傳在看完信後，隨即病倒不起，不倒兩個月，就離開人世。其疼惜台灣憂憤痛心的程度，可想而知。就念先賢對台灣漚心瀝血的貢獻，我寫了首打油詩，詩云：

甲午戰爭日本勝，強割領土又要錢；
國弱難拒日割台，宰相忍痛簽條約；
無辜台胞遭噩運，被迫爲奴徒呼天；
最是傷心劉巡撫，心血治績全枉然。

圖中所示日據時期，坐轎的日本軍官及日本民政長官後藤新平等殖民官員和抬轎的台灣人民的地位與表情，證實了台南作家吳新榮在台灣光復時的所作歡欣文中所說「五十年來爲奴隸，今日始得自由……今日始得解放。」及抗戰時，大陸山西流行的「念台詞」中所說「……甲午戰日本勝，逼簽條約割台灣，同胞淪爲次等人！」所說的「爲奴隸」和「次等人」的具體景象。

民國三十九（一九五〇）年三月一日蔣中正總統在台北總統府宣讀復行視事文告

台灣由危轉安的關鍵

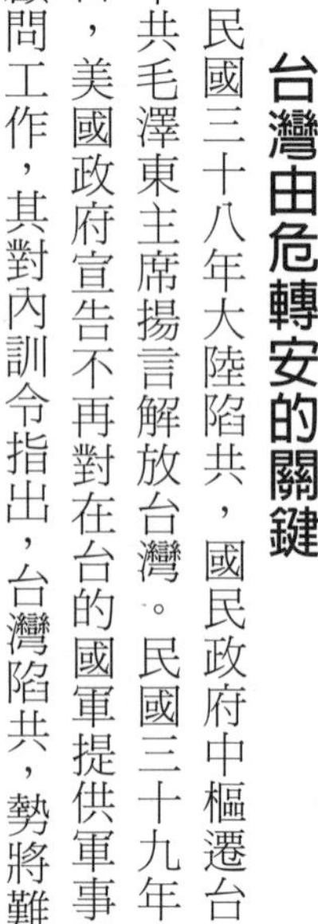

民國三十八年大陸陷共，國民政府中樞遷台，北京中共毛澤東主席揚言解放台灣。民國三十九年一月五日，美國政府宣告不再對在台的國軍提供軍事援助和顧問工作，其對內訓令指出，台灣陷共，勢將難免。當時，島內人心惶惶，台灣危在旦夕。

爲因應危局，先總統蔣中正先生順應民意，以下野之身，於同年三月一日，復行視事。宣示決持青天白日滿地紅的國旗與台灣共存亡的決心，要誓死保衛台灣，建設台灣爲三民主義模範省。用由上海國庫銀行運來台灣的黃金做儲備發行新臺幣，改革經濟；並整軍經武，肅清台蒐，革新教育；雖在戰爭時期，猶厲行民主基建設，推行地方自治各類選舉。軍中揚軍魂，社會正風氣，明禮義知廉恥負責任重氣節，內部安定，四海歸心。台灣由危轉安，成爲自力更生，遏阻國際共產世界革命洪流的前衛屏障，奠定了「自由中國」與「共產鐵幕」隔著海的對峙局面。先總統蔣中正先生的卓越領導，是台灣由危轉安，得免赤禍，能享迄今五十七年安定繁榮的關鍵（詳一九九頁）。

後記

我原本沒有爲自己寫回憶的想法，鑒於近年來時代劇變，社會沈淪，靠謊騙反覆掌權的當政者不能自拔，被愚受騙的民眾醒不過來。一時間，維繫社會公平正義、祥和安定的核心價值觀崩解，人民的痛苦日增，國人對現實和未來的走向，多感茫然不安。

興起了我何不以親身的見證，告訴下一代，提供其在亂世中趨吉避凶，面對現實和未來之借鏡的動念。但因少年時習用康熙字典，國語注音是到壯年時才學，有兩個拼音不夠準確，遲遲沒有用電腦啓筆。

大妹夫蔡盛通教授建議我用電腦書寫筆直接書寫，並由大妹鴻英陪同到我家來指導我用筆的操作技巧。由於他的熱心和教授得法，我很快就可下筆了。

那天起，化了八個月的時間完成了書的初稿。爲了增強所憶往事的精確性和所記述內容的可讀性，特就稿中所憶所述的人事物到各地向相關的人當面求證，並從各種相關文獻資料中嚴謹地查核印證；又花費了四個多月的時間。撰述期間，偶而提筆忘字，內人寶瓏立即熱心地幫我查字典。在查證資料時，虹兒也主動地幫忙。完稿後，寶瓏又逐段逐字和我一起校稿，經過多次列印核校，力求能無錯漏；安兒不時幫我排除電腦出現的技術問題。

稿子核校無誤列印出來後，在每一章後選附了幾張象徵性的紀念照片，有些時段根本沒有拍照，或很少拍照，或有照片亦已散失。退休後，照片很多，卻多浮濫，挑選照片，費了一點時間。稿文及照片既定，隨即與文史哲出版社發行人彭正雄先生接洽出版，當即商議選用我的代表軍人榮譽勳獎章的照片作爲封面，順利完成，謹申謝忱；並對撰稿期間協助我完成此一著作的盛通、鴻英、寶瓏和虹、安二子表示由衷的感念。

參考文獻

日文

《日本外交史》大田篤四郎著
《國際條約集》高野雄一 橫田喜三郎等編
《大國の興亡》肯奈迪著 鈴木主稅譯
《蔣介石祕錄》產经新聞載
《中ソ對立の史的構造》宮本信生著
《孫文》堀川正男著
《梅与桜—戰後の日華關係》林金莖著
《東京裁判秘錄》清瀨一郎著
《中ソ關係史の研究》石井 明著
《世界合眾國への構想—米の沒落後の日本の選擇》早房長治著
《中蘇外交史研究》香島明雄著

《人間蔣經國》人間蔣經國編纂委員會出版　李元平原著
《毛澤東》野村浩一著
《國際關係論》大平善梧　横田新編著
《爲政三部書原名三事忠告》張養浩原著　安岡正篤譯著
《日中關係一九四五—一九九〇》田中明彥著
《世界和平と國際連合》山谷鶴次他著
《日本の資源問題》板垣与一編
《蘇連對外政策の諸樣相》平井友義著

中文

《美亞報告—中國災難之線索》顧貝克（Anthony KubeK）著　中國時報譯
《歷史見證人的實錄—蔣中正先生傳》蔣緯國著
《巨大的轉變—美國與東亞一九三一—一九四九》孔華潤　入江昭編
《兩蔣父子檔案解密》劉寶傑著
《中國人》林語堂著
《春帆樓下晚濤急》黃靜嘉著
《百年思索》龍應台著

《蔣渭水傳》黃煌雄著
《蔣中正遷台記》陳錦昌著
《日本天皇列傳》蔣立峰著
《勁寒梅香—辜振甫人生紀實》黃天才 黃肇珩著
《國民黨興衰史》蔣永敬著
《費正清論中國—新中國論》費正清 戈得曼著 薛絢譯
《諸葛亮的人生哲學—智聖人生》曹海東著
《八、一五：記憶和歷史》陳映真主編
《二二八真相》王曉波著
《平實平淡平凡的蔣經國先生》李元平著
《孟子的人生哲學—慷慨人生》王耀輝著
《日本人與中國人》日西條正著
《孫子兵法》陶余惕發行 汎美圖書公司出版
《孫子兵法解義》國家安全局印
《增補「曾胡治兵語錄」註釋》三軍大學印
《曾國藩兵法》昭文社印

《地略學参考論文選輯》國防部情校編印
《資訊時代戰争論：與克勞塞維茲的虛擬對話》Anthony M.Covoalles 撰　馬振宇譯
《亞洲的智略》李登輝　中嶋嶺雄著
《替李登輝卸妝》徐淵濤著
《改變——才有希望》連戰著
〈台灣憲政民主的新境界〉馬英九撰
《中華民國在聯合國大會的參與》劉志攻著
《現代國際關係史料選輯》方連慶　楊淮生　王玖芳編
《戰後國際關係史綱》俞正顏　梁聲毅　汪鴻祥編著
《美國特使在中國——一九四五、十二——一九四七・一》汪熙著
《美國的對華政策一九四四至一九四五》美約・斯・謝偉思著　王益　王昭明譯
《與登輝老友話家常》王作榮著
《星空夜話》葛建業著
《日本浪人「岩里政男」——再替李登輝卸妝》徐淵濤著
《胡江風雲》史畢編著
《槍擊總統》朱浤源編撰

《別鬧了，登輝先生》陸鏗 馬西屏採訪記錄
《第三次世界大戰——行動的關頭到了》克羅斯著 趙之先等譯
《中國改革年代的政治鬥爭》楊繼繩著
《民粹亡台論》黃光國著
〈王者之道》黃光國著
《今天這一課——品格》龍應台撰
《毛澤東的十大軍事原則》四海一家軍事資料庫（國共檔案）
《毛澤東與當代中國》李君如著
《荀子的人生哲學——進取人生》彭萬榮著
《選舉無效——二〇〇四年台灣總統大選違法紀實》彭懷恩主編
《愛憎李登輝——戴國輝 王作榮對話錄》戴國輝 王作榮口述 夏珍紀錄整理
《中國人的道德前景》茅于斌著
《道家文化與現代文明》葛榮晋主編
《台灣意識的困境與出路——重建中國文化主體意識的契機》朱高正著
《中國可以說不》宋強 喬邊 張藏藏著
《墨子的人生哲學——兼愛人生》陳偉著

《二二八事變第一主角謝雪紅》徐宗懋著
《西方世界透視》徐樹業著
《困知勉行錄》趙本立著
《復興崗四〇》孫光主編
《阿兵哥傳奇》王琛著
《美國霸權的矛盾與未來》約瑟夫・奈伊（Joseph.S.Nye Jr.）著　蔡東杰譯
《韓非子的人生哲學——權術人生》楊帆主編
《重回清代台北車站——古鐵道和一座謎樣的火車站》吳小虹著
《台灣四百年風雲史》林淑珺著
《中國遺書精選》周武著
《中華名醫方劑大全》彭懷仁等編
《永樂大典醫藥集》蕭源等集
《歷代名醫臨証經驗精華》盧祥之主編
《怎樣吃最健康》莊淑旂指導　莊靜芬著
《不期望長寿，但求無病痛》齊國力教授講
《蔬菜湯强健法》石立　和著　石尚儀譯

《不生病的生活》新谷弘實著
《道德不能罷免》陳傳興著
《日本歷代首相評價》福田和や著　陳思敏譯
《歷史大審判》葉邦宗著
《原鄉精神》馬英九著
《國家的品格》藤原正彥著　劉子倩譯
《王昇與國民黨》Thomas A Marks 原著　李厚壯　張聯祺等
《改變中國》史景遷著　温洽溢譯
《二二八真相解密——一甲子迷障》武之彰著
《二二八事件真相考証稿》黃彰建著
《認識家鄉事》徐宗懋撰述
《八萬里路雲和月》趙本立著

歷代王朝表

BC	仰韶（彩陶文化）
21 世紀	龍山（黑陶文化）黃帝　堯舜時代
	夏
16 世紀	殷（商）
11 世紀	周（鎬京→洛邑）
770	春秋時代
453	戰國時代
221	秦（咸陽）
202 AD	西漢（長安）
8	新（長安）
25	東漢（洛陽）
220	三國（魏蜀吳）
265	晉（洛陽→建康）
316	五胡十六國
420	南北朝
581	隋（洛陽）
618	唐（長安）
907	五代　十國
960	北宋（汴京）
1125	金（會寧→燕京）南宋（臨安）
1279	元（大都）
1368	明（金陵→北京）
1644	清（北京）
1912	中華民國（南京）↓（台北）
1949	中華人民共和國（北京）

國家圖書館出版品預行編目資料

憶往悟來：一位四十五年軍人的人生領悟 / 張國垣著. -- 初版. --臺北市：文史哲, 民96.09

頁： 公分. -- (將軍傳記系列; 4)

參考書目：面

ISBN 978-957-549-737-8 (平裝)

1.張國垣 2.軍人 3.傳記

783.3886 96018455

將軍傳記系列 4

憶 往 悟 來

一位四十五年軍人的人生領悟

著者：張國垣

出版者：文史哲出版社

http://www.lapen.com.tw

登記證字號：行政院新聞局版臺業字五三三七號

發行人：彭正雄

發行所：文史哲出版社

印刷者：文史哲出版社

臺北市羅斯福路一段七十二巷四號

郵政劃撥帳號：一六一八〇一七五

電話886-2-23511028 · 傳真886-2-23965656

實價新臺幣四〇〇元

中華民國九十六年(2007)九月初版

ISBN 978-957-549-737-8